서울 아파트
마지막 기회가
온다

2019 절호의 매수 타이밍

서울 아파트 마지막 기회가 온다

강승우(samtoshi) 지음

매일경제신문사

실수요자는
아무 때나 사도 될까?

　'확증 편향Confirmation Bias'이란 심리학 용어가 있다. 자기가 보고 싶은 것만 보고, 믿고 싶은 것만 믿는 현상을 말한다. 이런 편향성은 의사 결정 시에만 일어나는 게 아니라 정보를 수집하는 단계에서부터 나타난다. 재테크 성공에 있어 가장 위험한 성향이라고 할 수 있다. 확증 편향의 함정에 빠지지 않기 위해 최대한 다양한 이야기를 듣고 곱씹어보는 습관이 그래서 필요하다. 자신의 성향과 다르다고 무조건 배척하지 말고 수용할 건 수용해야 한다는 뜻이다.

　우리나라 부동산 시장이 일본을 따라갈 것이라고 오랫동안 주장해왔던 맹목적인 '폭락론'은 현재까지 틀렸다는 것이 입증되었다고 해도 과언이 아니다. 일단 우리나라보다 일본의 거품(자산가격 상승률)

이 훨씬 컸다. 또한 일본이 주택의 대규모 공급을 고집한 반면, 우리 정부가 택지 공급을 조절하고 LTV·DTI 등 다각적인 규제를 펼쳐왔던 점, 우리나라의 주택매매 회전율이 일본보다 훨씬 높다는 사실 등은 우리 부동산 시장과 일본이 다르다는 점을 알려주고 있다. 그러나 맹목적인 폭락론만큼이나 맹목적인 우상향론도 경계해야 한다.

우선 서울 우상향론에서 가장 자주 거론되는 서울 공급 부족에 대해 살펴보자. 서울 공급이 줄곧 부족했다면 서울 집값은 1991~1998년에 왜 조정을 겪었으며 2010~2013년에는 왜 하락했는가. 1991~1998년 조정기는 1기 신도시 대규모 입주 여파를 겪었고, 2010~2013년 하락기는 10년간의 급등 후 때마침 금융위기까지 닥쳐 그간 오버슈팅되었던 부분이 해소된 것을 그 이유로 볼 수 있다.

결국 서울의 주택 공급은 다른 지역 대비 '상대적으로' 부족할 뿐이고, 실제 공급은 수도권 공급과 어느 정도 연동되어 있으며 수요는 가격의 고평가·저평가 여부에 따라 달라진다. 공급이 부족하더라도 주택 가격이 계속 치솟으면 수요는 공급 부족 이상으로 감소할 수 있는 것이다. 해마다 서울에서 경기도로 이주하는 인구가 증가하고 있음은 현 가격대에서의 서울 주택 수요 감소를 의미한다.

간단한 이야기다. A 지역에 100채의 주택이 있고 150가구의 주택 수요가 있는데, 100채의 주택 가격이 너무 올라서 50가구는 주택 매입을 포기하고 B 지역으로 옮겨갔다면 '현재 가격대에서의 A 지역 주택 수요'는 150가구가 아니라 100가구다. 주택 수요가 감소한 것이다. 물론 나머지 50가구도 대기수요라고 볼 수 있지만, 현 가격대에서의 수요층은 아니다.

 인플레이션이 시작되었고, 통화가치 하락으로 실물가치가 오른다는 의견도 완전히 옳은 이야기는 아니다. M2(광의통화, 총통화)가 집계된 1986년 이래 연간 기준으로 통화량이 줄어든 적은 단 한 해도 없었다. 즉, 통화량은 줄곧 늘어왔으며 통화가치는 줄곧 하락해왔다. 그러나 실물가치가 1986년 이래 줄곧 오르기만 한 것은 아니다. 심지어 통화량 증가율(M2 기준)도 2015년 이래 줄곧 감소하고 있다(2015년 +8.6%, 2016년 +7.5%, 2017년 +4.7%). 따라서 통화가치가 하락한다고 반드시 매해 실물가치가 오른다고 장담할 수 있는 것은 아니다. 물론 어느 정도 영향이 있다는 것까지 부인하는 것은 아니다.

 시중에 부동산 관련 도서가 많이 나와 있다. 상당수의 책들이 '어디'를 사야 하는지에 집중하고 있으나 '언제' 사는 게 좋은지 언급하고 있는 책은 눈에 잘 띄지 않는다. 어디를 사야 하는지 만큼이나 언제 사야 하는지 알아보는 것도 대단히 중요하다.

 실거주자라면 어느 때나 사도 된다는 말이 많지만, 어떤 재화든 아무 때나 사도 된다는 말은 위험하다. 특히나 부동산은 거액이 들어가기에 '언제' 사는지는 매우 중요하다. 최악의 경우를 상정한 것이지만 서울 아파트를 1991년에 산 사람은 2000년에야 집값이 회복되었고, 2009년에 산 사람은 2016년에야 회복되었다. 7~9년 만에 회복된 셈인데, 말이 회복이지 그 기간 동안의 기회비용 등을 감안하면 그 긴 시간도 사실상 손실 구간이었다고 볼 수 있다.

 이렇듯 어디를 사야 하는 것만큼 언제 사야 하는지도 매우 중요하다. 따라서 나는 어디뿐 아니라 언제에 대한 해답을 찾으려고 노력했다. 물론 나의 대답이 정답이라고 장담할 수는 없다. 그러나 정답을 100% 맞출 수 있는 사람은 존재하지 않는다. 따라서 적중 가능성을 최대한 높이는 작업에 초점을 맞췄다. 가능성을 높이기 위해 되도록 많은 사례와 데이터를 근거로 인용하여 결론을 내보았다. 아무쪼록 이 책이 독자의 결정에 많은 참고가 되고 성공적인 결과로 나타나길 간절히 소망해본다.

CONTENTS

01 지금이라도 사야 할까?

02 지금도 앞으로도 가장 뜨거운 지역

03 덜 올랐고 덜 내릴 아파트 64곳

01

지금이라도
사야 할까?

CHAPTER 1

기다리는 것도
투자다

서울 주택 수급의 변화 조짐

지금까지 서울 아파트 가격 상승의 가장 큰 이유는 '공급 부족'이라는 의견이 대세를 이뤄왔다. 서울은 공급이 가장 부족하고 미래 수요 역시 견고한 지역이다. 이를 뒤에서 자세히 설명할 예정이다.

여기서 전세가 흐름에 대해 잠시 살펴보고자 한다. 전세가는 거품 없이 실수요를 오롯이 반영한다는 점에서 주택의 수급 결과를 가장 잘 나타내는 지표다. 그런데 마치 서울의 공급 부족을 증명이라도 하듯 서울 아파트는 2009년 4분기 이후 2017년 4분기까지 급등에 급등을 거듭하게 된다. 해당 기간 동안 매매가는 7% 상승한 데 반해 전

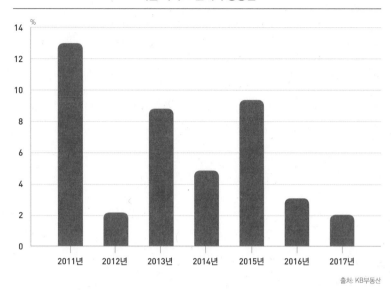

서울 아파트 전세가 상승률

출처: KB부동산

세가는 64% 폭등했다(KB부동산 기준).

그러나 서울 부동산에도 수급 변화의 조짐이 생기기 시작했다. 그 조짐 역시 전세가의 이상 징후에서 확인되고 있다. 우선 위의 그래프를 한번 살펴보자.

서울 아파트 전세가 상승률을 보면 유독 홀수해 상승률이 높았음을 알 수 있다. 이는 1988년 주택 임대차 기간이 1년에서 2년으로 늘어나면서 짝수해마다 전세가가 급등하다가 2008년 글로벌 금융위기 여파로 이듬해인 2009년 전세 계약이 크게 늘면서 전세가가 급등하는 해가 홀수해로 바뀐 탓이다.

그런데 '홀수해 급등의 법칙'이 2017년에는 적용되지 않은 것 역시 그래프에서 확인이 가능하다. 심지어 2018년은 3월부터 6월까지 전세가 하락이 지속되었다(KB시세 기준). 무려 8년간 급등을 이어온 서울 아파트 전세가에 이상 조짐이 나타난 것이다.

그 이유에 대해서는 의견이 분분한데 일각에서는 2017~2018년 전세가 상승률 저조의 이유로 '전세 수요의 매수 전환'을 꼽기도 한다. 그러나 과연 그럴까.

최근 3년간 서울 아파트 매매 거래량 그래프를 보자. 보다시피 거래량은 계속 감소하고 있다. 전세 수요의 매수 전환이 홀수해의 법칙을 깨뜨릴 만큼 2017년 전세가 상승률 저조의 원인이었다면, 2017년 10만 4,040건보다 2015년 12만 6,655건의 아파트 거래량이 더 많았

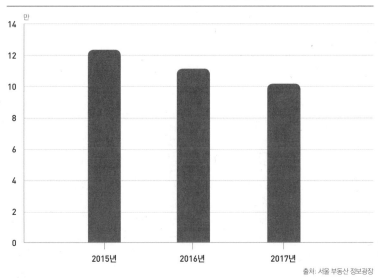

최근 3년간 서울 아파트 매매 거래량

출처: 서울 부동산 정보광장

음에도 불구하고 2015년 전세가 상승률이 월등히 높았던 것은 설명이 안 된다.

마침 거기에 발맞추듯 수도권 입주 물량은 대폭 늘어난다. 여기에서도 서울과 수도권 주택 시장은 별개의 시장이며 '디커플링'되었다는 의견들이 많으나 나의 생각은 다르다. 서울과 수도권을 잇는 교통 인프라가 갈수록 확대 및 개선되면서 수도권은 서울 주택의 대체재로 충분히 자리매김할 수 있다. 서울 아파트 전세가가 비싸면 수도권으로 이주하는 수요가 많아진다는 뜻이다.

결국 2017년부터 이어온 서울 아파트 전세가 상승률의 이상 조짐은 전세 수요의 매수 전환보다는 장기간 폭등해온 전세가에 대한 피

최근 3년간 수도권 입주 물량

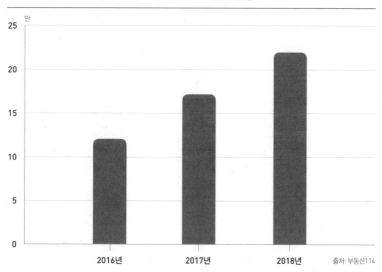

출처: 부동산114

로 누적(주거 수요의 수도권 이탈)과 수도권 입주 물량 확대가 맞아떨어진 결과로 보는 게 타당하다. 이는 2018년 더욱 늘어날 수도권 입주 물량을 감안하면 그간 꾸준히 언급되었던 서울 아파트 공급 부족의 해소를 의미한다. 2018년 4월부터 7월까지 크게 감소한 매매 거래에도 불구하고 전세가가 약세를 기록했다는 사실도 이런 주장을 뒷받침한다.

여전히 매매가와 전세가 추이가 반대로 간다고 믿는 사람이 많을 것으로 생각된다. 그래서 전세가의 약세가 매매가의 약세로 연결되는지 추가적인 근거를 소개하고자 한다. 2000년 1월부터 2017년 12월까지 서울 아파트 전세가가 3개월 이상 연속으로 하락했을 경우의 매매가 상승률을 표로 구성해보았다.

서울 아파트 전세가 하락 시 매매가 상승률

기 간	전세가 상승률	매매가 상승률
2000년 10월 ~ 12월	-3.0%	-1.4%
2002년 10월 ~ 2003년 1월	-5.6%	-2.1%
2003년 4월 ~ 8월	-3.5%	+7.4%
2003년 11월 ~ 2004년 1월	-2.1%	-1.8%
2004년 5월 ~ 2005년 1월	-5.8%	-3.0%
2008년 10월 ~ 2009년 1월	-5.5%	-3.7%
2012년 5월 ~ 7월	-0.2%	-1.4%

출처: KB부동산

3개월 이상 연속으로 전세가가 하락한 경우는 지난 18년간 총 일곱 차례인데 그 기간 동안 매매가가 하락한 경우는 여섯 차례에 이른다. 이 정도면 전세가 하락이 매매가에 상당한 하방 압력으로 작용했음을 확인할 수 있다.

모든 재화의 가치는 결국 수요와 공급에 귀결된다고 볼 때, 주택의 수요와 공급을 가장 잘 나타내는 전세가의 약세는 서울 아파트 매매가 상승 추세에도 찬물을 끼얹을 가능성이 크다. 하물며 2018년 연말 거대 단지 헬리오시티의 입주를 감안하면 전세가가 상승 추세로 전환되기는 어렵다.

6년 연속 상승한 적이 없는 서울

내가 부동산 관련 데이터를 언급할 때 주로 KB부동산 시세를 인용하는 이유는 매우 긴 기간의 자료가 축적되어 있기 때문이다. 실제 KB부동산 사이트에 들어가면 1986년부터 현재에 이르기까지 기간별, 지역별, 주거형태별 매매·전세 증감률을 쉽게 찾아볼 수 있다. '과거는 미래의 거울이자 미래를 여는 열쇠'라는 말이 있듯이 KB부동산 자료들을 통해 단순히 과거 데이터들을 나열하는 것이 아니라 그 숨은 의미를 찾아서 이해한다면 우리 스스로 미래를 점쳐보는 안목을 기를 수 있게 될 것이다.

그런 의미에서 KB시세를 주의 깊게 들여다보고 발견한 첫 번째 사실이 있다. 바로 '서울 아파트는 6년 연속 상승한 적이 없다'다. 6년 연속 상승한 적이 없다는 사실은 우연히 일어난 일이 아니다. 홍춘욱 애널리스트의 언급은 이 사실이 인과관계의 산물임을 알려준다.

"주택 인허가 실적 및 한국 주택 가격 상승률의 관계는 밀접하다. 주택 가격이 상승하면 이내 인허가 실적이 늘어나며, 이게 짧으면 2년 길면 5년 이내에 입주로 이어지며 주택 시장을 누르는 것이다."

결국 주택 가격이 상승한 지 2년차부터 5년차까지 입주가 점차 늘어나면서 주택 시장의 상승세를 짓누르게 된다. 이는 서울 아파트 가격이 6년 연속 상승한 적이 없는 사실을 뒷받침하는 근거라고 할 수 있다. 마침 상승 5년차인 2018년 연말에 헬리오시티가 입주하며 6년차인 2019년에는 개포, 고덕 등 동남권에 1만여 가구가 넘는 대규모 입주 물량이 기다리고 있다. 이는 우연의 일치일까.

다음 페이지에서 서울 아파트 매매 시세의 장기 추이를 나타낸 그래프를 보자. 지난 30년간 다섯 차례의 상승기가 있었다. 순서대로 ❶ 1987~1990년, ❷ 1994~1997년, ❸ 1999~2003년, ❹ 2005~2009년, ❺ 2014~2018년 현재까지다.

여기서 두 가지 시사점이 있다. 첫째, 상승기는 5년이 최장 기간이었다는 점이고 둘째, 4년이 최소 기간이었다는 점이다. 서울 아파트는 6년 연속 상승한 적도 없지만, 한번 상승으로 방향을 돌리면 4년 이상 상승할 가능성이 크다는 것을 과거의 사례로 확인해볼 수 있다. 이는 부동산이 워낙 덩치가 큰 재화라서 한번 흐름이 바뀌면 관성의 힘이 작용하기 때문으로 보인다.

서울 아파트 매매 시세의 장기 추이

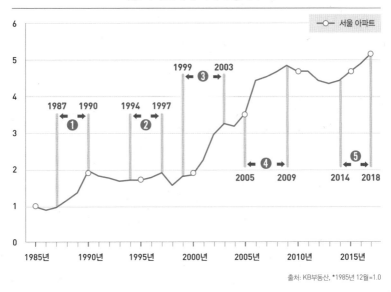

출처: KB부동산, *1985년 12월=1.0

첫 번째 상승기인 1987~1990년은 저달러, 저유가, 저금리로 이어지는 3저 호황을 누리던 시기다. 연 10% 이상의 고도성장이 지속된 데다 최초로 무역수지 흑자를 달성하는 등 경제가 크게 성장하던 시기였다. 자연스레 수도 서울의 아파트 가격이 상승한 것은 당연지사였다.

그 이후 1991년부터 3년간 서울 아파트는 하락세를 걷게 되는데 이는 1991년부터 시작된 1기 신도시(분당, 산본, 중동, 일산, 평촌) 27만여 가구의 입주 영향을 직접적으로 받았다고 볼 수 있다. 외환위기 직전인 1997년 서울 아파트 시세가 1990년보다도 낮은 상태였다는 사실은 1기 신도시의 입주 영향이 얼마나 컸는지를 보여주는 단적인 사례다.

그러나 1994년부터 조금씩 상승하던 서울 아파트 시장(두 번째 상승기)은 1998년 IMF 직격탄을 맞고 -14.6%라는 역대 최대 하락률을 기록하며 급락하고 만다. 놀라운 것은 그 이후인데 1999년 곧바로 +12.5%로 급반등하더니 2003년까지 +77%라는 대단히 큰 상승률을 기록하게 되었다(세 번째 상승기). 2004년에 소폭 하락 후 2005년부터 다시 상승의 길을 걷던 서울 아파트(네 번째 상승기)는 2008년 리먼 브라더스 파산으로 촉발된 글로벌 금융위기를 겪고 2009년에 상승기를 마감했다. 그 이후는 알다시피 2013년까지 4년간 하락기를 겪은 후 2014년부터 현재에 이르기까지 다섯 번째의 상승기를 맞이하게 되었다.

서울은 위와 같이 다양한 상승기와 하락기를 겪었다. 즉, 아무리 서울의 공급이 부족하더라도 4~5년 연속 아파트 가격이 올라간다면 장기간 상승의 피로감 누적이 큰 부담으로 다가오며 이것이 시장의 매수 동력을 감퇴시켜 상승기의 종료를 가져온다는 것 역시 부인할 수 없는 사실이다.

2018년은 서울 아파트 다섯 번째 상승기의 5년째에 해당하는 해다. 5년간의 상승으로 피로감은 상당 부분 누적되었을 것이다. 이러한 피로감과 괴리감을 심리적으로라도 해소하는 시간, 즉 조정기는 반드시 필요하다. 이 가격대가 익숙해지기까지는 시간이 필요한데 이러한 조정기를 거치지 않고 상승만 계속하다가 하락기에 접어들 경우 그 후유증은 상당하다. 2004년만 잠시 조정을 겪었을 뿐, 1999년부터 2009년까지 10년 가까이 이어져온 상승이 곧바로 2010년부터 2013년까지 큰 폭의 하락을 초래했던 사실을 잊고 있는 사람들이 많다.

2019년에도 상승할 경우, 서울 아파트는 사상 최초로 6년 연속 상승하는 셈이다. 그러나 '5년 상승의 법칙'을 깨뜨릴 만큼 과거 30여 년간에 비해 특별히 최근 경기가 호황이거나 경제 체력이 강해 보이지 않는다. 자연스레 2018년은 최소한 단기 꼭지가 될 가능성이 대단히 높다.

지금은 꼭지인가?

내가 자주 들여다보는 KB부동산 통계에는 방대한 데이터가 수록되어 있는데, 그 안에서도 눈길이 가는 것이 '5분위 아파트 매매가'다. 즉, 아파트를 가격순으로 5등분한 5개 분위별 평균 아파트 가격이다. 5분위는 거래가 최상위 20%, 4분위는 거래가 20~40%, 3분위는 40~60%, 1분위는 하위 20%를 나타낸다. 가격대별 아파트 가격 추이를 알 수 있다는 점에서 눈길을 끌었는데, 최근 약 1년간 추이를 다음 페이지에서 그래프로 정리해보았다.

일단 가장 높은 가격대인 5분위 아파트 평균 가격은 2018년 4월을 정점으로 조금씩 하락하는 모습을 보이다가 8월에 큰 폭으로 반등했다. 참고로 2018년 4월 15억 6,000만 원, 7월 14억 9,000만 원, 8월 15억 4,000만 원이다. 반면, 나머지 1~4분위 아파트들은 완만

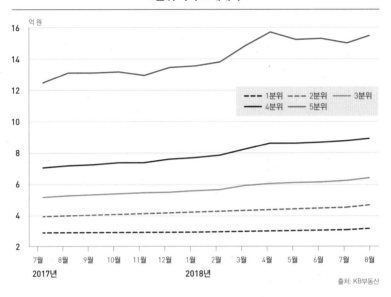

5분위 아파트 매매가

억 원

16

14

12

10

8

6

4

2

　　1분위　　2분위　　3분위
　　4분위　　5분위

7월　8월　9월　10월　11월　12월　1월　2월　3월　4월　5월　6월　7월　8월

2017년　　　　　　　　　　　**2018년**

출처: KB부동산

한 상승세를 이어가고 있다.

시장의 변곡점을 판단하기 위해서는 이들 5분위 아파트 평균 가격 추이를 지켜보는 것도 의미가 있다. 가령 촘촘히 서열화된 서울 아파트 특성상 천장 역할을 하는 5분위 아파트가 보합세를 유지하거나 하락 전환할 경우 그 아래 가격대 아파트들도 어느 정도의 시차를 두고 상승세를 멈출 가능성이 충분하다. 물론 4분위 이하 아파트들이 상승세를 지속해서 5분위 아파트를 밀어 올린다는 시나리오도 생각해볼 수 있다.

그러나 상승도 하락도 늘 대장주가 먼저 스타트를 끊어왔던 과거의 사례들을 돌이켜보면 하위 아파트가 상위 아파트의 가격대를 밀

강남10개구 시세 하락 시 강북14개구 시세 추이

강남 10개구	강북 14개구	시차 (강남→강북)
2002년 10월 ~ 2003년 1월	2002년 11월 ~ 2003년 2월	1개월 후 하락
2003년 11월 ~ 2004년 1월	2003년 12월 ~ 2004년 1월	1개월 후 하락
2004년 6월 ~ 2005년 1월	2004년 6월 ~ 2005년 1월	동시에 하락
2007년 4월 ~ 6월	하락하지 않았음	-
2008년 8월 ~ 2009년 1월	2008년 10월 ~ 2009년 5월	2개월 후 하락
2010년 3월 ~ 11월	2010년 3월 ~ 11월	동시에 하락

출처: KB부동산

어 올릴 가능성보다는 상위 아파트의 하락이 하위 아파트의 상승세를 주저앉히게 될 가능성이 더 크다.

2000년대 들어 강남 10개구가 3개월 이상 하락했을 때 강북 14개구는 언제 하락했는지 조사한 표를 보자. 참고로 2010년대는 2013년까지 서울 전체가 하락기였으므로 조사대상에서 제외했다. 2007년의 사례 하나를 제외하고 모든 경우에서 강남 10개구가 하락할 경우 강북 14개구는 동시 또는 1~2개월 후 하락했음을 알 수 있다.

결국 높은 가격대의 아파트 상승이 멈출 경우, 그보다 낮은 가격대의 아파트 상승도 곧 멈춘다. 따라서 5분위 아파트 평균 가격의 추이가 전체 시장의 향방을 결정한다고 해도 과언이 아니므로 이들 아파트군의 움직임을 유심히 쳐다볼 필요가 있다. 즉, 5분위 아파트가 하락 내지 약보합으로 전환될 경우 서울 아파트 시세의 하락 전환 가능성은 커진다고 할 수 있다. 그 가능성을 첫 번째로 가늠해볼 수 있는 것이 2018년 연말 헬리오시티 입주다.

분양가 상한제의 위력

분양가 상한제란 아파트 분양가를 건설교통부 장관이 정하는 표준건축비에 택지비를 더해 산정하는 제도다. 1989년 처음 실시된 이후 1999년 분양가 전면 자율화 조치에 따라 사라졌지만, 2005년 8.31 부동산 대책의 후속 조치로 판교신도시부터 다시 적용되어 공공택지에 한해 시행되었다. 2007년 9월에는 모든 공동 주택에 적용되었다. 그리고 현재는 정부가 8.2 부동산 대책의 일환으로 2017년 11월 7일자로 민간택지 분양가 상한제 적용요건을 완화한 뒤 민간택지 분양가 상한제를 부활시켰다. 국토교통부가 새로 완화한 민간택지 분양가 상한제 지정요건은 다음과 같다.

최근 3개월 주택 가격 상승률이 소비자 물가 상승률의 2배를 넘어서는 지역을 기본 대상으로,

- 1년 평균 분양가 상승률이 물가 상승률의 2배를 초과했거나
- 분양이 있었던 직전 2개월간 청약경쟁률이 일반 주택은 5대1, 국민주택규모(85㎡) 이하는 10대1을 초과했거나
- 3개월 주택 거래량이 전년 동기 대비 20% 이상 증가한 경우

등 세 가지 선택 요건 중 하나를 충족하는 지역을 대상으로 주

거정책심의회를 거치면 지정할 수 있도록 정했다. 그러나 까다로운 조건 등을 이유로 아직까지 실제 적용된 곳은 없다(민간택지 기준).

분양가 상한제는 대표적인 부동산 규제책 중 하나로서 2015년에 폐지되면서 아파트 가격 상승에 불을 지폈다. 분양가 상한제 폐지로 건설사들의 고분양가 프리미엄 아파트 경쟁이 벌어졌고 마침 서울의 신축 아파트 부족과 맞물려 완판 행진이 시작되었다. 고분양가 아파트가 완판되자 비슷한 입지의 주변 기축 아파트의 가격도 덩달아 동반 상승하면서 전체 시장을 뜨겁게 만들었다.

이렇게 분양가 상한제 폐지가 주택 가격 상승의 촉매제 역할을 했다면, 자연스레 분양가 상한제 부활은 주택 시장에 대한 규제책으로 볼 수 있다. 분양가 상한제가 부활될 경우 시장의 영향은 다음과 같이 예상된다.

① 사람들이 주택을 사지 않는다.

분양가 상한제로 새 아파트들이 싸게 나오는데 굳이 오래된(기축) 아파트를 구매할 필요가 없어진다. 이명박 정부 시절, 보금자리 광풍이 일어서 주택 매수 대기자들의 기축에 대한 관심이 줄어든 것도 당시 서울 아파트 시세 하향 추세에 영향을 미쳤다.

2007년 9월에 분양가 상한제가 적용되기 전까지 7년간 전국 아파트 3.3㎡당 평균 분양가는 552만 원에서 990만 원으로 180% 급등했으나, 시행 후인 2008년부터 2014년까지 7년간 1,096만 원에서

940만 원으로 14% 하락했다.

② 고분양가 분양 성공이 인근 기축도 밀어 올리던 기존 메커니즘이 무너진다.

2016년부터 본격적으로 급등한 서울 아파트 시세는 당시 3월 평당 3,760만 원에 분양한 개포 래미안 블레스티지의 흥행 성공이 불쏘시개가 되었다.

③ 분양가 상한제에 따른 사업성 악화로 재건축·재개발 등 사업이 지연되거나 중단됨으로써 중장기적인 공급 부족을 초래할 수 있다. 또한 가격에 맞는 원자재를 사용하기 위해 값싼 자재를 사용하거나 부실 건설을 초래할 우려도 있다.

그런데 굳이 최근에 실제 적용된 곳이 없는 분양가 상한제를 이렇게 장황하게 언급한 이유는 다른 데 있다. 주택도시보증공사HUG가 분양보증 심사를 무기로 분양가를 통제하면서 사실상의 분양가 상한제를 시행하고 있다. 결국 분양가 규제로 인해 주변 시세보다 분양가가 낮게 책정되면서 서울 및 수도권 곳곳에서 로또 청약 열풍이 일고 있다. 실제 2017년 상반기 7만 6,492가구 분양에는 78만 2,825명의 1순위 청약이 몰린 반면, 2018년 상반기 7만 4,473가구 분양에는 101만 875명의 1순위 청약이 몰렸다. 이는 최근 청약 열기가 보통이 아님을 보여주고 있다. 앞서 언급한 것처럼 자연스레 기축 아파트에 대한 관심은 줄어들 가능성이 크다. 서울 아파트 거래량이 반등하고

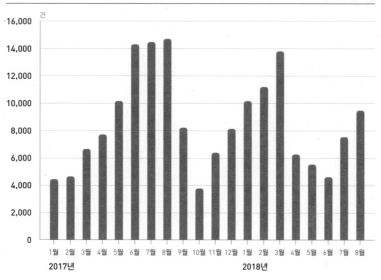

서울 아파트 거래량

출처: 서울 부동산 정보광장

있지만 2017년에 비하면 여전히 저조한 수준이다.

　이러한 이유들로 인해 서울 아파트 시장은 점차 조정기에 접어들
가능성이 크다.

서울 아파트 시세를
가늠해볼 수 있는 기준 아파트

서울 아파트 시세를 가늠해볼 수 있는 기준 아파트를 소개해볼까 한다.

주요 자치구의 랜드마크 단지 중에서 2,500가구 이상, 6층 이상, 전용면적 84㎡ 평균 실거래가 추이를 보자. 저층 거래가 많으면 평균 실거래가 왜곡이 일어날 수 있어서 6층 이상의 평균 실거래가만 뽑았다.

5분위별 13억 원 이상 고액 아파트의 거래가는 2018년 2월부터 하락 추세이며 그 아래 가격대 아파트는 4월부터 하락 추세를 보이는 가운데 9억대 이하 아파트는 상승 추세를 유지하고 있다. 앞에서 5분위별 아파트 평균 가격 추이를 언급하면서 높은 가격대 아파트가 상승을 멈출 경우 그 아래 가격대 아파트도 시차를 두고 상승을 멈출

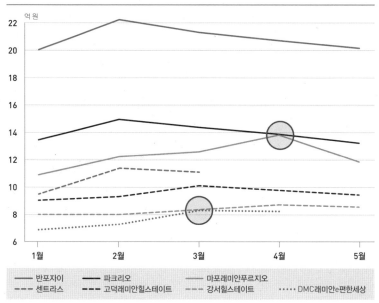

랜드마크 대단지 실거래가 추이

억 원

22
20
18
16
14
12
10
8
6

1월　　2월　　3월　　4월　　5월

── 반포자이　　── 파크리오　　── 마포래미안푸르지오
--- 센트라스　　--- 고덕래미안힐스테이트　　--- 강서힐스테이트　　····· DMC래미안e편한세상

출처: 국토부, *2018년 기준

가능성이 크다고 언급했다. 위 그래프의 랜드마크 대단지 실거래가 추이를 봐도 비슷한 해석이 가능하다.

　그래프의 원을 보면 마포래미안푸르지오가 4월에 잠실 파크리오를 따라잡는 듯 보인다. 그러나 파크리오가 5월에도 실거래가 하락하자 마포래미안푸르지오도 상승 추세가 꺾여 더 하락하는 모습을 보여주고 있다. DMC래미안e편한세상도 3월에 강서힐스테이트를 따라잡는 듯 했으나 4월에는 보합 장세를 보여 다시 강서힐스테이트와 차이가 벌어진 것도 확인된다. 아마 강서힐스테이트가 하락했다면 DMC래미안e편한세상도 하락을 피하지 못했을 것이다.

아파트 단지별로 촘촘히 형성된 서열은 웬만한 호재가 아니면 무너지지 않을 것이다. 이러한 측면에서 볼 때, 10억 원 이상 아파트는 '파크리오', 10억 원 이하 아파트는 '강서힐스테이트'의 실거래가 추이를 눈여겨보자. 고가 아파트는 파크리오, 중저가 아파트는 강서힐스테이트의 향방과 약간의 시차를 두고 그 궤를 함께 할 것이다. 바꿔 말하면 파크리오와 강서힐스테이트의 반등 없이 그 아래 가격대의 상승은 어렵다.

CHAPTER 2

2019년,
매수 타이밍이다

상승기의 데자뷔

2018년이 과거 어느 시점과 유사한 국면에 있는지 언론과 기관마다 그 관점을 달리하고 있다. 2018년이 2006년과 닮은꼴이라는 주장도 있고, 2006년과는 다른 꼴이라는 주장도 있다. 전자의 주장은 2005~2006년에 쏟아진 부동산 규제에도 불구하고 급등한 부동산 가격이 2017~2018년을 연상케 한다는 이유다. 후자의 주장은 2006년과는 다르게 2018년 정부와 서울시가 공조를 하고 있다는 이유에서다.

그러나 나는 2018년이 2003년과 비슷한 국면에 와있다고 판단한

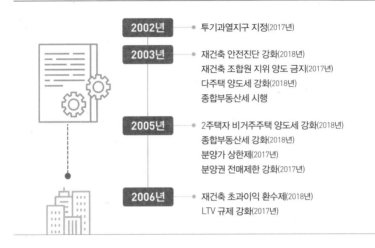

2002~2006년까지 발표된 부동산 규제

2002년 ● 투기과열지구 지정(2017년)

2003년 ● 재건축 안전진단 강화(2018년)
재건축 조합원 지위 양도 금지(2017년)
다주택 양도세 강화(2018년)
종합부동산세 시행

2005년 ● 2주택자 비거주주택 양도세 강화(2018년)
종합부동산세 강화(2018년)
분양가 상한제(2017년)
분양권 전매제한 강화(2017년)

2006년 ● 재건축 초과이익 환수제(2018년)
LTV 규제 강화(2017년)

다. 이는 2019년 시장 하락시점이 좋은 매수 기회를 제공할 것이라는 나의 견해에 중요한 근거를 제공해준다. 2003년 다음 해인 2004년에도 시장은 하락했기 때문이다.

그렇다면 왜 2018년이 2003년과 비슷한 상황인지를 알아보자. 우선 2002년부터 2006년까지 발표된 부동산 규제를 위에 나열했다. 오른쪽 괄호 안에 문재인 정부의 유사 규제가 시행된 연도를 기재했다.

2002년부터 2006년까지 발표된 부동산 규제 중에 5개의 규제가 2017년부터 시행되었고 4개의 규제가 2018년부터 시행되었기 때문에 규제만으로 2018년이 2003년과 닮았는지 2006년과 닮았는지 판

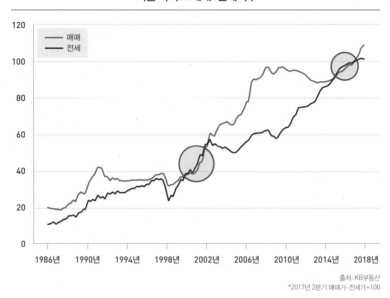

서울 아파트 매매·전세지수

출처: KB부동산
*2017년 2분기 매매가·전세가=100

단하기는 어렵다. 그럼에도 불구하고 2018년이 2003년과 닮았다고 생각하는 이유는 다음과 같다.

KB부동산에서 2015년에 처음 만든 그래프가 있다. 이를 바탕으로 2017년 2분기의 매매가와 전세가를 각각 100으로 설정하고 매매가와 전세가의 추이를 2018년 2분기까지 추가하여 재구성했다.

그래프에서 별도로 표시한 두 개의 원은 매매지수와 전세지수가 만난 구간을 의미한다. 첫 번째 원에서는 2000년 1분기부터 2002년 2분기까지 10분기 동안 매매지수와 전세지수가 교차된 채 동반 우상향 길을 걷는다. 그리고 2002년 3분기부터 두 지수는 디커플링된다.

두 번째 원에서는 2015년 2분기부터 2017년 2분기까지 9분기 동안 매매지수와 전세지수가 교차된 채 동반 우상향 길을 걷는다. 그리고 2017년 3분기부터 두 지수는 디커플링된다.

전세지수의 강력한 뒷받침을 토대로 매매지수가 함께 오르다가 투자 수요의 유입으로 두 지수가 디커플링되기 시작한 게 2002년 3분기와 2017년 3분기인 셈이다. 두 지수의 디커플링이 지속되고 있다는 점에서 2003년과 2018년도 유사한 상황이다.

그리고 2018년이 이렇게 2003년과 비슷한 상황이 맞다면, 외환위기로 1998년 큰 폭의 하락을 겪고 1999~2003년 상승 후 2004년 조정기가 왔듯이 2010~2013년 큰 폭의 하락을 겪고 2014~2018년 상승 후 2019년 조정기가 올 수 있다.

주택 수요는 줄고 공급이 늘어난다면

재화의 가치를 결정하는 것은 수요와 공급이다. 부동산도 예외가 아니다. 다만 주택의 공급은 명확한 수치가 나와 있지만 수요에 대해서는 여러 의견이 분분하다. 인구를 언급하는 사람도 있고, 최근에는 가구를 언급하는 사람들도 많다. 그래서 더더욱 주택의 수급을 논하기 어렵다. 그런데 2015년, 노무라 금융투자연구소에서 놀라운 발견을 했다. 서울 아파트 시세와 결혼 10년차 부부 증감률 간에 깊은 상관관계가 있어 2018년까지 서울 집값 상승이 이어질 가능성이 크다고 전망한 것이다.

노무라 금융투자연구소에 따르면 10년 이상의 기간에 걸쳐 두 지

서울 집값 추이

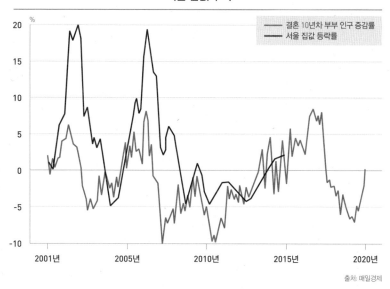

결혼 10년차 부부 인구 증감률
서울 집값 등락률

출처: 매일경제

표(서울 아파트 시세, 결혼 10년차 부부 증감률)의 상관관계가 매우 깊은데, 부부가 결혼 10년차가 되면 초등학교에 입학하는 자녀 때문에 좀 더 넓은 집으로 이사하거나 전월세를 벗어나 내 집 마련에 적극적으로 나선다. 즉, 10년차 부부가 주택 구매의 강력한 수요층이라는 것이다.

그런데 그 10년차 부부 증감률이 2018년에 하락 전환하더니 2019년에 큰 폭으로 감소한다. 2008년 글로벌 금융위기로 인해 2008~2009년 결혼이 감소한 것으로 보인다. 주택 구매의 가장 강력한 수요층이 감소하는 것이다.

공급은 어떨까. 2018년 말부터 2019년 말까지 동남권 입주 물량만 정리해 봐도 상당한 규모가 대기 중이다.

2018년말~2019년말 동남권 입주 물량

지 역	단 지	입주 가구
강남구	래미안 루체하임, 래미안 블레스티지, 디에이치 아너힐즈	4,127
송파구	헬리오시티, 올림픽아이파크	1만 207
강동구	래미안 솔베뉴, 그라시움, 힐스테이트 암사, 롯데캐슬 베네루체, 센트럴 아이파크	1만 896
하남 미사	e편한세상, 힐즈 푸르지오, 대명루첸, 강변 신안인스빌, 강변 제일 풍경채 등	5,943

출처: Daum 지도, *소규모 단지는 배제

표에서 거론된 단지들의 입주 물량을 모두 더해보면 서울 동남권 (하남 미사 포함)에서만 3만 1,173가구다. 2011년부터 2017년까지 서울 아파트 입주 물량이 연 평균 3만 2,000여 가구였음을 감안하면, 1년 간 동남권에서만 3만 1,173가구가 입주한다는 것은 상당한 물량 부담이다. 참고로 헬리오시티 입주 물량 9,510가구 중 일반분양 물량은 1,558가구이므로 큰 부담이 아니라는 견해도 있으나, 그동안 멸실되어 사라졌던 가락시영 아파트에서 9,510가구의 헬리오시티로 거듭나는 것이므로 순수하게 주택 9,510가구가 새로 생겨난다고 보는 것이 타당하다.

정리해보자. 2018년 말부터 2019년까지 강력한 수요층(10년차 부부)의 감소와 대규모 공급(동남권 위주) 확대로 아파트 수급 악화는 곧 현실화될 전망이다. 앞서 서울 아파트가 지난 30년간 6년 연속 상승한 적이 없다는 것을 언급했다. 상승 5년째에 접어들어 상승의 피로감이 극에 달했을 때 수급 악화까지 겹친다면 2019년 서울 아파트 시장의 하락 가능성은 대단히 크다고 보여진다.

매수와 전세의 갈림길

전세 재계약 시점이 다가오면 '매수해야 하나, 전세 재계약을 해야 하나' 망설인 경험이 누구나 있을 것이다. 특히 무주택자에게는 현실적으로 닥친 문제이며 어떤 선택을 하느냐에 따라 결과가 천차만별이었다. 이는 과거가 알려주는 사실이다.

2018년 말 헬리오시티 입주로 시작되는 동남권의 거대한 입주 물량은 유주택자들에게 상당한 부담이다. 그러나 무주택자들에게는 다시 전세를 선택하게 하는 유인이 될 것이다. 2019년에도 입주 물량이 계속 쏟아지므로 낮은 전세 가격대의 신축이 전세와 매수를 저울질하는 무주택자들로 하여금 전자를 선택하게 할 것이다. 주거비용의 저하로 굳이 무리해서 집을 매수할 필요성이 줄어드는 것이다.

그렇다면 헬리오시티 입주 시 전세가는 어느 수준이 될까.

부동산 관련 온라인 카페마다 갑론을박이 벌어지는 소재 중 하나다. 나 역시 개인적 관점을 곁들여 판단하고자 한다. 하나의 비교 사례로 2018년 1월에 입주가 시작되었던 래미안 에스티지S(서초구 서초동 소재)를 들여다보자. 교통 요지 및 업무 지구인 강남역에 인접해 있고 최고 수준의 초중학교 학군(서이초, 서운중)에다 브랜드 신축을 자랑하는 래미안 에스티지S는 593세대에 불과하나 세입자 구하기가 어려웠다. 2018년 1분기의 전용면적 84㎡ 기준 평균 매매가는 19억 5,000만 원이었으나 평균 전세가는 9억 3,000만 원이었다. 전세가율이 48% 수준에 불과한 것이다.

이를 그대로 헬리오시티에 적용해보자. 동일한 조건으로 헬리오시티의 2018년 3분기 평균 매매가(9월 28일까지 등록 기준)는 15억 3,000만 원이었다. 만일 먼저 입주한 래미안 에스티지S의 전세가율 48%를 그대로 적용해보면 헬리오시티의 입주 초기 평균 전세가는 7억 3,000만 원 내외라는 결과가 나온다.

물론 헬리오시티 입주 시 전세가가 실제 7억 원 초반대에서 형성될지 쉽게 예단하기 어렵다. 먼저 입주한 단지의 사례를 통해 유추해봤을 뿐이다. 해당 전세가 수준에 거주하고 있는 수많은 세입자들이 헬리오시티의 전세 매물을 충분히 흡수할 수도 있다. 그러나 강남역 초역세권에다가 593세대인 래미안 에스티지S에 비해 9,510세대나 되는 헬리오시티의 전세 매물 소화가 더욱 어려울 것이라는 것도 쉽게 예측 가능하다.

상승 피로감의 누적, 수급의 악화 그리고 또 하나의 주택 매수세력 중 하나인 무주택자의 선택지 확대로 인해 2019년 하락 가능성은 대단히 크다. 그러나 2019년의 하락이 좋은 매수 기회가 되려면 2020년 이후는 다시 상승해야 아귀가 맞는 주장이다. 따라서 다음 장부터는 2020년 이후 시장이 왜 상승 가능성이 높은지에 대해 설명하고자 한다.

그러나 아직도 덜 오른 서울 아파트

이게 무슨 뚱딴지 같은 소리냐고 물을 사람이 많을 것 같다. 그러나 사실이다. 서울 아파트는 아직 덜 올랐다. '중장기적으로 아직 갈 길이 있다'는 뜻이다. 단기적으로는 분명 꼭지에 다다르고 있다. 이미 앞서 여러 근거를 통해 말했다.

그렇다면 왜 서울이 중장기적으로 덜 올랐는지 차근차근 살펴보도록 하자. 우선 첫 번째로 각종 경제지표를 봐도 서울 아파트 가격은 덜 올랐다. 아무래도 가장 비슷한 하락~상승기끼리 비교해보자. 서울 아파트 가격은 2010년부터 2013년까지 하락하다가 2014년부터 2018년 상반기까지 상승하고 있다. 이 점에 착안하여 단기·중기별로 모두 비교해보자.

서울 아파트 시세 증감률과 경제 지표 비교

	서울 아파트			경제 지표		
	하락기(A)	상승기(B)	(A+B)상승률	GDP 성장률	가계소득 증가율	통화량 증가율
①	2010~2013년	2014~2018.1분기	+13%	+50%	+46%	+72%
②	1998년	1999~2003년	+72%	+53%	+35%	+84%
③	2004년	2005~2009년	+47%	+42%	+37%	+62%
④	1998~2009년		+153%	+117%	+92%	+213%

출처: KB부동산, 한국은행 경제통계시스템
*GDP 및 가계소득 증가율은 2017년까지만 반영

우선 큰 폭의 하락(2010~2013년) 이후 다시 상승기(2014~2018년)인 현재의 상황(①)은 1998년 외환위기로 큰 하락을 겪고 나서 1999~2003년 동안 큰 폭의 상승을 이룬 기간(②)과 유사하다. 2004년 조정을 겪고 나서 2005~2009년 동안 크게 상승한 기간(③)과도 유사하다.

표를 자세히 확인해보자.

①기간의 GDP 성장률은 50%로, ②의 53%나 ③의 42%와 큰 차이가 없다. 가계소득 증가율도 마찬가지다. ①기간의 가계소득 증가율은 46%로, ②의 35%와 ③의 37%를 모두 능가한다. 통화량 증가율도 마찬가지 수준으로, ①기간은 ②와 ③의 중간인 72%였다.

그런데 ①의 서울 아파트 가격 상승률은 어떤가. ②의 72%, ③의 47%에 비해 현저히 낮은 13%에 불과하다. ①, ②, ③은 해당 기간 동안 GDP, 가계소득, 통화량 모두 비슷하게 증가했음에도 불구하고 유독 서울 아파트 가격 상승률에 있어서는 ①이 ②와 ③에 비해 현저히 낮았다.

기간을 넓게 잡아도 마찬가지다. 1998~2009년(④) 동안 GDP 성장률, 가계소득 증가율, 통화량 증가율 모두 ①에 비해 2~3배 수준의 증가폭을 보였으나 서울 아파트 가격 상승률은 10배를 능가했다.

이것이 이번 상승기(2014년~2018년 상반기) 동안 서울 아파트가 '아직 덜 올랐다'고 본 첫 번째 이유다.

두 번째로 소개할 지표는 주택구입부담지수다. 주택구입부담지수는 한국주택금융공사 주택금융연구원에서 분기마다 발표한다. 중간소득 가구가 표준대출을 받아 중간가격 주택을 구입하는 경우의 상환 부담을 나타낸다. 지수가 높을수록 중간소득 가구의 주택 구입

부담이 높아지는 것을 의미하는데 사실상 가구의 주택 구입 여력을 나타내는 지수라고 할 수 있다.

지수 100은 주택담보대출 상환으로 가구 소득의 약 25%를 부담한다는 의미로, 이는 중간소득의 서울 근로자가 중간가격의 서울 주택을 구입할 때, 소득의 약 25%가 주택담보대출 원리금 상환에 필요하다는 것을 뜻한다.

그렇다면 서울의 주택구입부담지수 중장기 추이는 어떨까.

주택금융연구원이 해당 지수를 산출하기 시작한 2004년 1분기부터 2018년 1분기까지의 주택구입부담지수 추이와 해당 기간의 평균 (118.3)을 비교 도식화했다.

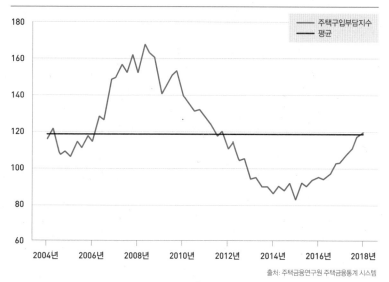

서울의 주택구입부담지수 추이

출처: 주택금융연구원 주택금융통계 시스템

2018년 1분기 기준 서울의 주택구입부담지수는 118.8로, 최근 14년간 평균인 118.3을 소폭 초과한 상태다. 놀랍게도 2018년 주택 구입에 대한 부담은 최근 14년 동안의 평균 수준이다. 최고점은 2008년 2분기의 164.8로, 현재 지수에 비하면 39%나 차이가 있다.

따라서 이러한 관점에서 2018년 서울 주택 가격은 버블이라고 보기 어려우며 중장기적으로는 아직 갈 길이 있는 것으로 보인다. 2019년 조정이 있더라도 과거 버블기에 비해 월등히 낮은 주택구입 부담은 언제든 다시 상승할 수 있는 여력을 제공해줄 것이다. 물론 금리가 가파르게 오르거나 주택 가격이 다시 급등한다면 주택구입부담지수도 여기서 추가적으로 크게 상승하여 빠르게 전고점에 육박할 수 있다.

10년차 부부 증감률과 서울 아파트 시세 증감률 비교

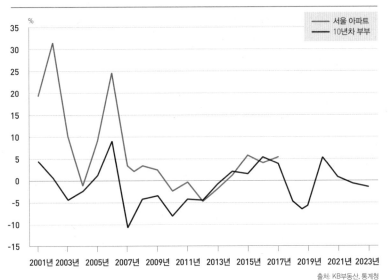

출처: KB부동산, 통계청

마지막으로는 수급의 개선을 꼽아볼 수 있다. 2018년 말부터 2019년까지 악화될 주택 수급은 2020년 이후 개선될 가능성이 크다. 우선 수요층을 살펴보자. 앞서 서울 아파트 시세와 10년차 부부 증감률이 깊은 상관관계가 있음을 설명한 바 있는데, 조금 더 범위를 넓혀보겠다.

10년차 부부 증감률과 서울 아파트 시세 증감률을 연간 단위로 단순 비교했다. 범위는 2023년까지 확장시켰다. 앞 페이지의 그래프를 보면 2020년에 10년차 부부가 크게 증가한다. 얼마나 큰 증가폭인가 하면 2006년 이후 최대 증가폭이다. 주택 구매의 가장 강력한 수요층이 다시 크게 늘어난 것이다.

반면 공급을 살펴보면 2018년 말부터 2019년까지 동남권 입주 물량은 3만여 가구가 넘는데 2020년은 입주 물량이 1만 2,000여 가구로 크게 줄어든다. 참고로 강남구 2,296가구, 송파구 1,199가구, 강동구 6,537가구다.

2020년은 2019년과는 정반대의 상황인데 큰 폭의 수요 증가와 큰 폭의 공급 감소가 초래할 결과는 상상 이상의 폭발력을 선보일 수 있다. 2019년을 좋은 매수 기회로 보는 세 번째 이유다.

중장기적인 수급이 어떻게 될지 알아보기 위해 2021년 이후 상황도 전망해볼 필요가 있다. 수요 관점에서는 10년차 부부가 2021~2023년 동안 정체 내지 소폭 감소하므로 주택 가격이 추가 상승할 수 있을지 다소 판단하기 어렵다. 그러나 공급은 더 큰 폭으로 감소할 가능성이 있는데 그 이유를 몇 가지 말하고자 한다. 수요가 감소해도 공급이 더 크게 감소한다면 재화의 가치는 어떻게 될까.

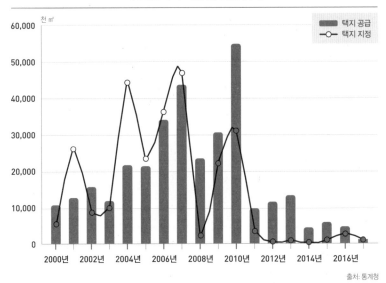

수도권 택지 지정 및 공급 실적

출처: 통계청

 향후 중장기적으로 서울을 포함한 수도권은 공급 감소가 예상된다. 그 이유는 바로 땅 부족, 즉 택지 고갈이 현실화될 조짐을 보이고 있기 때문이다.

 선 그래프가 택지 지정 실적이며 바 그래프가 택지 공급 실적이다. 그래프를 보면 2011년부터 사실상 택지 지정이 이뤄지지 않았음을 확인할 수 있다. 자연스레 택지 공급도 줄어드는 추세였는데 2017년에는 공급 자체가 거의 이뤄지지 않았다. 택지 지정 감소→택지 공급 감소→주택 공급 감소로 이어질 가능성이 대단히 높아진 셈이다.

 물론 이러한 문제점을 인식한 듯 정부는 2018년 9월 21일 발표한 공급계획(9.21 공급대책)에서 2019년 상반기까지 신규 택지 확보를 통해 서울과 수도권에 30만 호를 2021년부터 공급(분양)하겠다는 견해를 밝혔다. 상당한 물량인 것은 사실이나 실제 공급까지 난관이 적지 않다. 우선 대상 지역 인근 주민들의 반발이 만만치 않을 것으로 보이며 대규모 택지 확보를 위한 그린벨트 해제도 해당 지자체의 반대로 강행이 어렵다. 막대한 비용 역시 큰 장애물이다.

게다가 이러한 절차가 순조롭게 진행돼도 실제 입주까지는 상당한 시일이 소요될 것이다. 택지 지정 및 인프라 확충, 공급, 아파트 착공 및 입주까지는 아무리 빨라도 5년 이상의 시간이 걸린다고 봤을 때, 적어도 2023년까지는 입주 물량이 늘어날 여지가 적다. 수원 광교신도시는 2004년 지구 지정 후 2011년에야 입주가 이뤄졌고, 위례신도시는 2008년 지구 지정 후 2013년 말부터 입주가 진행됐다. 현실적인 이유를 고려한 듯 정부도 30만 호의 연차별 분양 계획 대부분을 2023년 이후로 잡아놓았다(30만 호 중 27만 5,000호를 2023년 이후 분양으로 발표).

따라서 2021~2023년에 10년차 부부로 대표되는 주택 수요가 소폭 감소하더라도 공급은 더욱 큰 감소가 예상되기에 아파트 가격 상승 가능성은 크다.

수도권 택지 감소에 따른 주택 공급 감소가 예상된다면 서울 재건축이라도 활성화시켜서 공급을 확대해야 하는데 잇따라 내놓은 재건축 규제 조치는 이마저도 어렵게 만들고 있다. 2018년 들어 1월 재건축 초과이익환수제 부활, 2월 재건축 안전진단 강화로 개포 주공 5·6·7단지가 추진위 설립을 연기하고 여의도 광장아파트가 안전진단을 통과하지 못하는 등 이미 일부 단지의 재건축 지연이 발생하기 시작했다. 2022년 반포주공1·2·4주구 5,335가구, 개포 주공 1단지 6,640가구, 둔촌 주공 1만 2,032가구의 거대 물량이 입주할 예정이지만 그 이후 상당 기간 공급 공백이 예상된다면 유주택자의 심리는 매도를 최대한 보류하는 쪽으로 기울 것이다.

마지막으로 1기 신도시의 주택 사용가치 상실도 서울 및 수도권의 중장기적 공급 부족에 영향을 줄 것이다. 1기 신도시는 분당 9만 2,228가구, 일산 5만 8,866가구, 평촌 4만 1,879가구, 중동 4만 708가구, 산본 3만 8,031가구 등 총 27만여 가구가 공급되었고 1991년부터 순차적으로 입주가 시작되었다. 그 말인 즉, 2021년부터 순차적으로 재건축 연한이 돌아온다는 의미가 된다.

문제는 용적률이다. 일산(169%)을 제외하고는 대부분(분당 184%, 평촌 204%, 산본 205%, 중동 226%) 용적률이 높아 재건축을 통한 사업성 확보가 쉽지 않은 상황이다. 때마침 정부의 재건축 규제로 재건축 사업성이 추가로 악화될 것으로 보이는 이 시점에서 대안으로 거론되는 리모델링이 1기 신도시 내에서 적극 추진될 것으로 보인다. 최근 분당은 한솔주공 5단지가 2017년 8월 시공사를 선정했으며 느티마을 3·4단지와 무지개마을 4단지가 건축심의를 통과하는 등 속도를 내고 있다.

리모델링은 추진 가능 연한이 재건축의 절반에 해당하는 15년에 불과하며, 재건축 초과이익환수제와 조합원 지위양도 제한, 분양가상한제, 기부채납 등의 규제도 적용받지 않는다. 안전진단도 재건축은 D등급 이하를 받아야 사업 추진이 가능하나, 리모델링은 B등급으로도 수직 증축이 가능하다. 무엇보다 리모델링은 절차가 상대적으로 간소하여 사업기간이 재건축보다 훨씬 짧다는 장점이 있다.

따라서 용적률이 높은 1기 신도시 대다수가 리모델링을 선택할 것이며 간소화된 절차로 인해 빠른 시일 안에 대규모 멸실로 이어지게 될 수 있다. 많은 단지들이 빠른 시일 내에 리모델링을 추진하게 된다면 이는 2020년대 초반 수도권 공급 부족에 더욱 박차를 가하게 될 것이다.

특히 눈길을 끄는 곳이 성남시다. 1987년에 입주한 신흥주공이 2016년에 관리처분을 득하고 2020년에 재건축을 완료하여 입주하게 되었다. 놀라운 사업 속도는 주민들의 추진 의지와 단결력뿐 아니라 해당 지자체의 지원 없이는 불가능한 일이었다. 분당이 2021년부터 줄줄이 재건축 연한에 도달하는데 성남시가 발 빠르게 분당 재건축 계획의 밑그림을 그리기 위한 '2030 성남시 도시주거환경 정비기본계획'(2019년 상반기 확정 예정)을 수립하기 시작한 것도 주거환경을 개선하기 위한 의지를 엿보게 한다. 성남시의 강력한 추진 의지가 수도권 주거환경 정비의 방아쇠가 되어 생각보다 빠른 지각 변동이 일어날 수도 있다.

1기 신도시의 대규모 멸실이 서울 일반 재건축의 멸실보다 파급효과가 클 것으로 보는 이유는 단지 그 규모 때문만은 아니다. 서울 재건축 아파트의 경우 노후화로 인해 대부분 세입자가 거주하고 있으며 전세가도 매우 낮아 멸실이 주변 지역에 미치는 영향이 상대적으로 작다. 그러나 1기 신도시의 전세가율은 분당구 65%, 일산동·서구 79% 등으로 대단히 높아 실수요가 탄탄히 자리 잡고 있다. 따라서 1기 신도시 대규모 리모델링에 따른 멸실은 주변 지역 더 나아가 서울에 미치는 영향이 대단할 것으로 예상된다.

이제 요약하면서 마무리해볼까 한다.

매매지수와 전세지수의 추이를 통해 2018년이 2003년과 굉장히 유사한 국면에 와있으며 2004년 조정이 왔듯이 2019년 조정기가 올 가능성이 크다고 진단했다. 그리고 10년차 부부로 대표되는 수요의 감소와 헬리오시티 입주로 시작되는 공급 증가로 2019년은 주택 수급이 악화되어 아파트 가격이 하락할 것으로 보았다.

그러나 여타 상승기의 각종 경제 지표(GDP, 가계소득, 통화량)와 비교해보면 서울 아파트 가격은 이번 상승기(2014~2018년 상반기) 동안 덜 올랐음을 실제 데이터로 확인했다. 또한 이제 장기 구간 평균에 다다른 주택구입부담지수, 2020년 이후 다시 개선될 주택 수급, 1기 신도시 주택 사용가치 상실의 파급 효과 등으로 미루어보아 2019년 조정 후 서울 아파트 시장은 다시 우상향의 길을 걸을 것이다. 따라서 2019년의 조정은 무주택자에게 좋은 매수 기회다.

온라인 카페 활동을 하다보면 서울은 여전히 공급이 부족하므로 계속 상승할 것이라는 의견이 있다. 그러나 5년간 상승이 이어지면서 중간 중간 생략된 계단이 있는데 그 생략된 계단을 심리적으로라도 채우는 시간이 필요해 보인다. 즉, 조정은 추가 상승을 위해 반드시 필요한 것이므로 유주택자 입장에서는 이 조정을 불안해하거나 두려워할 필요가 없으며, 무주택자 입장에서는 이런 기회를 잘 포착하여 매수 기회로 활용해야 한다. 심리적으로 이 가격대가 익숙해지는 과정, 즉 시간이 필요하다.

TIP

서울 아파트의
상승 사이클은 언제까지일까?

　연간 기준으로 2014년부터 상승하기 시작한 서울 아파트는 이 추세대로라면 2018년도 상승하여 5년간 상승을 지속하게 될 것으로 보인다. 그 이후 2019년 하락(조정), 2020년 이후 재반등이 예상되며 따라서 2019년이 적절한 매수 기회다. 그렇다면 자연스레 서울 아파트의 이번 상승 사이클이 언제까지일지 궁금하다.

　사실 그동안 장기 상승은 필연적으로 장기 하락을 초래해왔다. 특히 서울의 장기 하락은 그전 기간의 장기 상승과 도화선이 된 사건이 있었다. 가령 1987년부터 1990년까지의 급등은 '1991년 1기 신도시의 입주'와 맞물려 1997년까지 장기 조정을 불러왔고, 1998년 외환위기 사태 후 1999년부터 2009년까지의 장기 상승(2004년 잠시 조정)은 '2008년 세계 금융위기'와 맞물려 2010년부터 2013년까지 하락기를 초래했다.

그렇다면 2014년부터 2018년까지 상승하여 2019년 조정을 겪고 나서 2020년 이후 재반등할 경우 이번 장기 상승의 꼭지점은 언제일까. 무엇이 방아쇠가 되어 이번 장기 상승의 마무리를 짓게 될까.

우선 인구 감소가 2023년부터 시작된다. 최근 출산율 추이로 보면 더 빨라질 수도 있다. 가구 수는 아직도 늘고 있고, '똘똘한 한 채' 현상 때문에 인구 감소가 서울 아파트 가격에 큰 영향을 미치지는 않을 것이다. 그러나 인구의 자연 감소는 미증유의 사태이므로 자산 시장에 공포 심리가 커질 가능성이 있다.

그리고 아파트 가격에 보다 직접적인 영향을 미치는 지표인 10년차 부부는 2024년부터 큰 폭으로 감소한다. 서울 아파트의 가장 강력한 수요층이 크게 줄어드는 것이다. 물론 앞서 언급한 것처럼 택지 부족과 재건축 규제, 1기 신도시의 대규모 멸실 등으로 공급이 수요 감소보다 더 줄어들 수도 있다. 그런데 서울의 공급 감소 효과를 사실상 상쇄시키는 이벤트가 준비되어 있다.

그것은 바로 GTX A, B, C의 완공이다. 그리고 나는 GTX A, B, C 완공이 서울 아파트 장기 하락의 방아쇠가 될 것으로 본다. 철도 교통망의 확충은 택지 공급과 같은 성격을 띤다. 새로운 철도망의 건설로 통근이 편해지면 도시 면적이 확대되는 효과가 있다. 가령 GTX A가 완공되면 동탄에서 삼성역까지 18분, 파주에서 서울역까지 16분에 주파가 가능해지는데 이는 동탄과 파주가 서울 생활권으로 편입됨을 의미한다. 직주근접의 범위가 넓어지면서 동탄과 파주에는 기회가 되는 동시에 서울은 수요가 분산되는 계기가 될 수 있다.

예정대로라면 GTX A는 2023년, B는 2025년, C는 2024년으로 순차적으로 완공되는데 10년차 부부가 크게 감소하는 시기와 묘하게 맞아떨어지게 된다. 그 시점에 즈음하여 아파트 수요는 감소하는데 공급은 철도망 확충으로 대폭 늘어나는 모양새가 연출되어 서울 아파트의 수급 악화가 예상된다. 게다가 앞서 언급한 바와 같이 9.21 공급대책으로 서울과 수도권에 공급하는 30만 호의 입주도 국토교통부의 계획대로라면 2025년부터 본격적으로 시작될 것이다. 자연스레 장기 상승 사이클은 이때를 전후하여 종언을 고할 것이며 다시 장기 하락이 시작될 개연성이 높다.

GTX 노선도

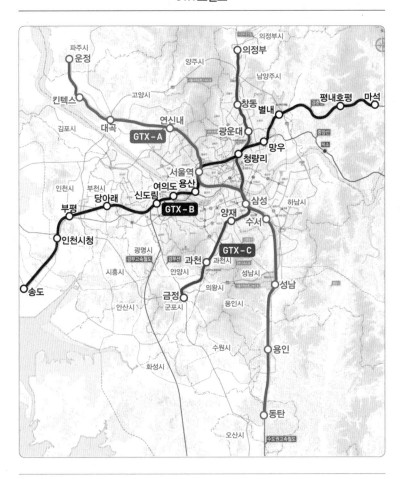

02

지금도 앞으로도
가장 뜨거운 지역

CHAPTER 3

그래도
서울이다

왜 서울일까?

서울 주택 가격 상승세의 원인을 두고 가장 흔히 나오는 이야기가 있다. 바로 서울이 우리나라에서 가장 심각한 '주택 공급 부족' 상태에 있다는 것이다. 따라서 서울 집값을 잡으려면, 남은 가용 택지가 많지 않은 점을 감안하여 재건축·재개발 정비 사업을 활성화시켜 중장기적인 공급 확대를 추진해야 한다는 의견이 많다.

모든 문제의 핵심을 파악하고, 대응 방안을 마련하려면 우선 원인에 대한 팩트 체크부터 하는 게 순서다. 그런 점에서 인구주택 총조사 보고서가 매우 반갑다.

2016 인구주택 총조사 결과는 '인구, 가구, 주택'순으로 전수 결과를 상세히 공개하고 있는데 시사점이 많아 매우 유용하다. 2016년은 인구주택 측면에서 눈에 띄는 변화가 몇몇 있는데, 그중에 일부를 발췌해보면 다음과 같다. 우선 65세 이상 고령인구(678만 명)가 처음으로 15세 미만 유소년 인구(677만 명)를 추월하면서 고령화 사회가 이미 도래했음을 알렸고, 아파트 전체 호수가 처음으로 1,000만 호를 넘기면서 전체 주택에서 아파트가 차지하는 비중도 최초로 60%를 넘겼다. 평균 가구원 수 감소가 지속되고 있고(1995년 3.40명, 2000년 3.12명, 2005년 2.88명, 2010년 2.69명, 2016년 2.51명), 1인 가구의 확산이 가속화되고 있어 (1995년 12.7%, 2016년 27.9%), 시간이 갈수록 중대형 아파트의 인기가 더욱 낮아질 것이라는 판단도 더욱 굳어지고 있다.

그렇다면 이제 정말 서울이 공급 부족 상태가 맞는지 검증해보자. 2016 인구주택 총조사 결과에서 필요한 데이터를 뽑아 다음 페이지에 표로 작성했다. 인구, 가구, 주택 수를 나열한 뒤에 주택 수를 가구 수로 나눈 실질주택보급률과 인구 1,000명당 주택 수 및 아파트 수를 산출해보았다.

서울의 실질주택보급률은 72%. 100가구가 살고 있는 지역에 주택이 72채밖에 없는 상황이다. 당연히 주택이 부족하다는 이야기다. 그것도 전국에서 가장 낮은 실질주택보급률이다. 그 다음이 대전 (79%), 경기도(82%) 순으로 주택이 부족하다.

이번에는 인구 1,000명당 주택 수를 보자. 서울은 인구 1,000명당 주택 289채로 이 역시 인구 대비 전국에서 가장 적은 주택 수를 기록하고 있다. 전국 주요시도 단위에서 유일하게 인구 1,000명당 주택

서울, 정말 공급 부족 상태 맞나

시도	인구(명)	가구	주택(호)	실질주택 보급률	1,000명당 주택 수(호)	1,000명당 아파트 수(호)
전국	51,269,554	19,837,665	16,692,230	84%	326	196
서울	9,805,506	3,915,023	2,830,857	72%	289	167
부산	3,440,484	1,357,230	1,174,034	87%	341	218
대구	2,461,002	945,483	761,054	80%	309	216
인천	2,913,024	1,085,407	958,072	88%	329	202
광주	1,501,557	575,918	494,547	86%	329	256
대전	1,535,445	596,752	474,193	79%	309	224
울산	1,166,033	435,829	361,273	83%	310	220
경기도	12,671,956	4,647,205	3,814,834	82%	301	203
강원도	1,521,751	621,943	575,967	93%	378	198
충청북도	1,603,404	630,578	568,567	90%	355	198
충청남도	2,132,566	836,296	776,746	93%	364	189
전라북도	1,833,168	734,037	692,563	94%	378	202
전라남도	1,796,017	737,423	755,044	102%	420	176
경상북도	2,682,169	1,093,211	1,009,941	92%	377	172
경상남도	3,339,633	1,299,027	1,151,057	89%	345	196
제주도	623,332	234,449	206,874	88%	332	105

출처: 2016 인구주택 총조사 보고서, *실질주택보급률=주택 수÷가구 수

300채 이하인 곳이 서울이다. 그 다음 경기도(301채), 대구·대전(309채)이 뒤를 잇고 있다.

그렇다면 아파트는 어떨까. 이 역시 인구 1,000명당 아파트 수를 산출해보았다. 가장 낮은 수치, 인구 대비 아파트가 가장 부족한 곳은 제주도(105채)였다. 그 다음이 서울(167채), 경상북도(172채), 전라남도(176채) 순으로 아파트가 부족했다.

실질주택보급률을 보든 인구당 주택 수나 아파트 수를 보든 서울이 전국에서 가장 공급이 부족한 곳임이 인구주택 총조사 결과를 통해 명확한 사실로 드러났다. 즉, 수요는 가장 넘치고 공급은 가장 부족한 지역이 서울인 셈이다. 이러한 사실은 서울을 부동산 투자 대상으로 삼겠다는 판단이 잘못되지 않았음을 알려준다.

9.21 공급계획, 하지만 여전히 부족하다

이뿐만이 아니다. 서울의 향후 주택 공급 추이를 전망해보면 점차 공급이 줄어들 가능성은 매우 크다.

향후 중장기 주택 공급 추이를 예상하려면 주택 인허가 실적을 참조하면 된다. 주택 인허가는 하반기에 집중되는데 대체로 상반기 대비 3배 이상의 인허가가 하반기에 이루어진다. 하반기 인허가 실적은 2015년을 정점으로 조금씩 줄어들고 있다. 전국 기준 2015년 하반기 341만 건, 2016년 334만 건, 2017년 291만 건이었다. 그러나 2018년은 상반기까지만 인허가 실적이 나와 있는 관계로 연도별 상반기 인허가 실적을 뽑아보았다.

다음 페이지의 연도별 상반기 주택 인허가 실척 추이를 보자. 2010년부터 2013년까지의 조정기를 거치고 2014년부터 본격적으로 부동산이 반등하게 된 이유를 조금이나마 알 수 있다. 2007년부터 2010년까지 굉장히 적은 수준의 인허가가 이루어졌고 이는 2010년부터 2013년까지 공급 절벽을 일으켰다. 또한 부동산 가격이 반등하자 2014년

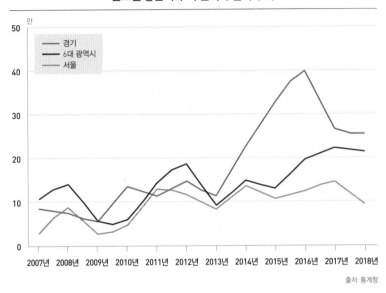

연도별 상반기 주택 인허가 실적 추이

출처: 통계청

부터 경기도 중심으로 인허가가 급증하는 모습을 볼 수 있다. 이는 2017년부터 입주 물량 확대로 이어진다.

여기서 눈에 띄는 것은 6대 광역시와 경기도의 인허가 실적이 여전히 많다는 점이다. 2018년 상반기의 인허가 실적으로만 보면 6대 광역시는 2017년, 경기도는 2016년 고점보다는 적지만 그렇다 하더라도 예년에 비해 훨씬 많은 인허가가 여전히 지속되고 있다. 따라서 주택 공급 물량의 확대가 지속될 것으로 보인다.

반면 서울의 2018년 상반기 주택 인허가는 9만 9,606건으로 2013년(상반기 8만 9,855건) 이래 가장 낮은 수준의 인허가가 이루어졌다. 2007

년부터 2018년까지 상반기 평균 인허가 실적(9만 6,520건)과도 별 차이가 없는 수준이다. 특히 직전 3년간 상반기 평균 실적(12만 8,391건) 대비 −45%나 감소했다는 사실도 눈여겨볼 만 하다. 서울 주택 공급이 감소 국면에 들어섰음을 보여주는 시그널로 판단할 수 있기 때문이다.

이런 상황에서 9.21 공급대책이 발표되었다. 수도권 공공택지 확보를 통해 30만 호를 2021년부터 순차적으로 공급하겠다는 내용이다. 1기 신도시 규모가 약 27만 호인 것을 감안하면 매우 큰 규모임을 알 수 있다.

그러나 조금 더 깊이 들여다보면 이야기가 달라진다. 우선 서울 11곳에 1만 호를 공급하겠다고 했으며 그중 2곳(舊성동구치소, 개포동 재건마을 등 1,640호)만 공개되었다. 나머지 9곳(8,642호)은 추후 공개 예정인데 벌써부터 인근 주민들이 강력하게 반발하는 등 추가 선정도 만만치 않은 과정이 예상된다. 게다가 서울과 1기 신도시 사이에 대규모 택지 4~5개소를 선정하여 20만 호, 중소규모 택지 6만 5,000호를 공급하겠다는 내용이라 결국 서울보다는 경기도에 물량 공급이 집중된다. 물론 수도권에 물량 공급이 집중되면 서울 역시 주택 수요의 분산으로 공급 부족이 해소될 수 있다.

그런데 앞서 말한 것처럼 문제는 30만 호의 분양 시기에 있다. 정부 계획대로 된다고 하더라도 2021~2022년 분양은 2만 5,000호에 불과하며 2023년 5만 호, 2024년 8만 호, 2025년 14만 5,000호 분양이 계획되어 있어 실제 입주는 2025년 이후에나 본격화될 전망이다. 이러한 점을 감안하면 9.21 공급대책의 파급 효과는 당장은 줄어들 수밖에 없다.

그나마 서울의 직접적 주택 공급 수단이 재건축과 재개발인데 투기지역(투기과열지구 포함) 지정, 안전진단 강화, 조합원 지위 양도 금지, 재건축 초과이익 환수제 등 정부의 각종 규제가 융단폭격처럼 쏟아졌다. 이뿐만 아니라 문재인 정부와 서울시가 대규모 재개발보다는 소규모 도심재생사업을 계획하고 있어 재개발을 통한 주택 공급 확대도 요원하다. 이러한 사실들로 보아 서울의 상대적 공급 부족은 당분간 지속될 수밖에 없다.

직주근접, 그래서 서울이다

서울의 상대적 강점은 다른 곳에도 있다. 바로 직주근접을 바탕에 둔 견고한 미래 수요다.

출산율의 급격한 하락으로 2030년대 이후에나 시작될 것 같았던 인구 감소 시점이 2028년으로 당겨졌다 싶더니(2018년 1분기 통계청 전망), 이제는 2023년으로 더욱 당겨졌다(2018년 2분기 전망). 불과 반년도 안 되어 인구 감소 시점이 10여 년이나 당겨진 것이다.

인구 감소는 곧 노동력 감소로 이어지기 때문에 여성의 사회 진출은 앞으로도 더욱 활발해질 것으로 예상된다. 따라서 육아를 위해서라도 직장과 가까운 주거지가 더욱 각광받게 될 것이다. 출퇴근 시간을 획기적으로 줄여줄 직주근접 주거 트렌드는 향후 더 가속화되면 가속화되었지, 여기서 후퇴할 일은 없을 것이다.

인구 감소에도 불구하고 수도권에서 서울로의 통근·통학 인구가

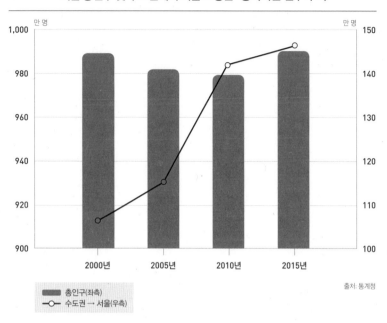

서울 총인구 및 수도권에서 서울로 통근·통학하는 인구 추이

출처: 통계청

범례: 총인구(좌측), 수도권 → 서울(우측)

계속 늘고 있다. 이는 서울 주택의 미래 수요 관점에서 긍정적인 시그널이다. 직주근접의 가치가 계속 커질 것이라고 볼 때 수도권에서 서울로 통근·통학하는 인구는 서울 주택의 미래 수요로 간주할 수 있다. 서울의 평균 통근·통학 시간(왕복 기준)이 2010년 73분에서 2015년 78.6분으로 길어진 것을 보면 수도권에서 서울로의 통근·통학 시간도 더욱 길어졌을 것이 분명하다.

삶의 질에 대한 관심이 높아지면서 워라밸이 새로운 지향점으로 중시되는 마당에 통근·통학 시간의 연장은 최근 트렌드와 배치되는 현상이다. 자연스레 이들은 기회와 여력이 된다면 직장이 있는 서울로 옮기려는 미래 수요로 언제든지 변신할 것이다.

9.13 대책이 서울 아파트에 미칠 영향

8.2 대책을 통해 다주택자 양도세 중과 카드를 꺼내든 정부가 예기치 못한 상황과 맞닥뜨렸다. 다주택자들이 2018년 4월 양도세 중과 전에 지방 소재 보유주택을 처분하는 동시에 서울의 '똘똘한 한 채'로 포트폴리오를 재정비하면서 서울과 지방의 집값 격차를 확대시킨 것이다. 서울 집값이 꺾이지 않자 정부는 2018년 9월 13일 또다시 규제 카드를 꺼내 들었다. 또 하나의 역대급 대책이라 불리는 9.13 대책에 대해 그 내용과 예상되는 영향을 살펴보자.

우선 종합부동산세(종부세) 부담을 크게 늘렸다. 2019년부터 공시가격을 점진적으로 현실화시킬 예정이다. 그뿐만 아니라 공정시장가액비율을 현행 80%에서 연 5%씩 올려 2022년에는 100%까지 인상할 예정이다. 특히 3~6억 원 과표구간(1주택 기준 시가 18~23억 6,000만 원, 다주택 기준 14~19억 원)을 신설했으며 과표 6억 원(1주택 기준 시가 23억 6,000만 원, 다주택 기준 시가 19억 원)의 경우 종부세, 재산세, 보유세 등 세금 부담이 1년 만에 1주택은 213만 원, 다주택은 456만 원 올라 각각 1,663만 원, 1,684만 원을 내야 한다. 이것도 2019년 이야기이고 공정시장가액비율 상승으로 2022년까지 계속 세 부담은 늘어난다.

반면, 과표 3억 원(1주택 기준 시가 18억 원, 다주택 기준 시가 14억 원)의 경우 세금 부담은 각각 21만 원, 101만 원 올라 1,006만 원, 863만 원을 내야 한다. 따라서 기존보다 세금 부담이 많이 늘어나지 않는 시가 18억 원 이하 1주택의 인기와 시세 상승률이 초고가 주택 또는 다주택보다 상대적으로 양호할 것으로 전망된다.

9.13 대책에는 투자자들의 유동성을 제한하는 여러 장치가 마련되었는데 첫 번째로 눈에 띄는 것이 임대사업자와 유주택자의 LTV 제한(조정대상지역 內)이다. 우선 임대사업자는 그동안 LTV 80%를 적용받았으나 앞으로 규제지역 내에서는 40%로 제한받는다. 그리고 공시가격 9억 원(시가 13억 원 수준)을 초과하는 주택에 대해서 유주택자의 경우 주택담보대출을 받을 수 없으며(1주택자는 기존 주택 2년 이내 처분 조건만 예외적 허용), 무주택자도 실거주 목적을 제외하고는 대출을 받을 수 없다(구매 후 2년 내 전입하는 경우 등은 허용). 공시가격 9억 원 이하 주택에 대해서도 유주택자는 대출이 금지되며 무주택자만 기존의 LTV·DTI 비율로 대출을 받을 수 있다. 유주택자들의 경우 대출에 의존하기보다는 갭투자를 하는 경우가 많기 때문에 이 조항이 제대로 힘을 발휘하려면 전세가 추이를 잘 살펴봐야 한다. 전세가가 내려갈 경우 유주택자들의 신규 주택 취득 여력은 상당히 제한받을 수밖에 없을 것으로 보인다.

유동성을 제한하는 조치 중 두 번째로 눈에 띄는 것이 전세자금 대출 규제다. 전세자금 대출 보증은 주택금융공사와 주택도시보증공사HUG, 서울보증보험SGI뿐인데 2주택 이상자는 전세자금 대출 보증을 받지 못하며 1주택자는 부부 합산소득 1억 원 이하까지 보증을 받는다. 단, SGI가 1주택자의 경우에는 소득 제한을 두지 않을 것으로 보여 큰 영향은 없을 것으로 판단된다.

또한 아파트 분양에서 추첨제 당첨자 선정 시 그동안은 주택 소유와 관계없이 추첨을 했으나 앞으로는 무주택 신청자에게 우선순위를 부여하기로 했다. 앞서 HUG가 분양보증 심사를 무기로 사실상의 분양가 상한제를 시행하고 있다고 언급했는데 바로 이러한 상황 때문에 소위 말하는 '로또 청약'으로 이어지고 있다. 주변 시세 대비 낮은 분양가가 책정되어 청약 열기가 고조되고 있다. 무주택자의 경우 9.13 대책으로 추첨제 당첨자 선정에서 우선순위를 부여받기 때문에 기축 아파트 매입보다는 더더욱 청약에 몰릴 가능성이 커졌다. 임대 사업자와 유주택자에 대한 돈줄 조이기(LTV 제한)에 이어 기축 아파트 매매 시세에 하방 압력을 가할 수 있는 규제 조항이다.

그러나 예상치 못한 영향을 줄 수 있는 조항은 다른 곳에 있다. 바로 '임대주택 사업자의 혜택 축소'다. 기존에는 8년 장기 임대 등록한 주택에 대하여 종부세를 매기지 않았는데 앞으로는 1주택 이상자가 조정대상지역에 새로 취득한 주택은 임대 등록 시에도 종부세를 합산 과세하기로 했다. 양도세도 마찬가지로 중과된다. 이 조항은 정부의 의도와 달리 문제가 될 수 있다. 임대주택 사업자의 혜택을 축소함으로써 대출 및 세금 사각지대를 줄이려는 게 정부의 의도다. 그러나 기존에 취득한 주택은 임대주택 사업자의 혜택을 그대로 계승하다 보니 많은 유주택자가 기존 보유주택을 임대주택으로 등록하기 시작했다. 즉, 많이 늘어나는 종부세 부담과 맞물려 기존 주택 보유자들이 세금 부담을 경감시키기 위해 더더욱 임대주택 등록으로 나서게 된 것이다. 이미 그 흐름은 시작되었다.

각 구별 임대주택 등록 건수

지 역	2018년 8월	2018년 9월 (~17일)
강남구	345	1,050
서초구	238	777
송파구	303	777
양천구	548	931
노원구	183	557
영등포구	169	367
용산구	82	230

출처: 서울시

표에서 보다시피 2018년 9월 1일부터 17일까지의 서울 임대주택 등록 건수는 8월 한 달 전체보다 적게는 2배에서 많게는 3배 수준에 이를 정도로 급증하고 있다. 임대주택을 등록하면 향후 8년간 매물로 나올 수 없어 중장기적으로 매물 잠김 현상을 일으키게 된다. 정부 규제의 또 다른 반작용 사례로 거론될 여지가 크다.

총평해보자.

다주택자에 대한 세금 및 대출 규제가 별 영향을 못 미칠 것이라는 의견도 있으나 실제 데이터는 그렇지 않다. 통계청에 따르면 서울의 1주택 보유가구는 2015년 137만 3,000에서 134만 3,000으로 오히려 2% 감소했으나 2주택 이상 보유가구는 50만 1,000에서 52만 1,000으로 4% 증가했다. 2017~2018년 데이터는 아직 통계청에서 준비되지 않아 확인할 길이 없다. 그러나 2014년부터 시작된 서울의 상승 사이클 초입은 산술적으로 무주택자의 주택 매입(무주택자 → 1주택자

전환)보다는 유주택자의 추가 매입이 영향을 미쳤을 가능성이 더 큰 것이 확인된 셈이다. 따라서 서울 집값의 안정을 도모하는 정부가 다주택자에 대한 집중 규제에 나선 것은 이해할 만하다.

사실 언급된 규제 내용 중에서 종부세를 포함한 세금 부담은 2019년에 적용되는 사항이기 때문에 지금 당장 체감되지 않아 단기적으로는 서울 집값에 별 영향을 주지 않을 것으로 예상된다. 그러나 2019년에 받게 될 세금 고지서는 안 그래도 늘어나는 입주 물량으로 조정받을 가능성이 큰 전세가와 더불어 추후 매수 심리 냉각에 한몫할 것으로 보인다. 다만 그렇다 하더라도 다주택자에 대한 양도세 중과 규모가 종부세 부담을 여전히 능가하는 상황에서 다주택자의 매물이 급격히 늘어날 가능성이 작은 점, 고가 1주택도 부부 공동명의로 할 경우 시가 20억 원 수준까지는 종부세가 늘어나지 않는다는 점, 1주택보다 다주택의 과표 기준이 더 낮아서 더 많은 세금을 물게 된다는 점 등으로 미루어보아 똘똘한 한 채의 선호 현상은 사그라지지 않을 전망이다.

게다가 종부세 등 전체적인 세율은 국회 비준 사안이므로 정부안대로 국회를 통과할지도 미지수인 데다 자유한국당에서 1주택자에 대한 세금 부담 확대에 특히 반대하고 있어 국회 조율 과정에서 세율은 조정될 수도 있다. 물론 그 안에서 20억 원 이상 초고가 주택의 상승률은 주춤할 수 있지만, 시가 18억 원 이하 주택(부부 공동명의의 경우 20억 원까지)의 선호도는 높아질 것이다. 결과적으로 임대주택 사업자 등록 급증에 따른 중장기적 매물 잠김 현상으로 서울 아파트 시장이 2019년 조정 후 다시 상승의 길을 걸으리라는 판단 역시 유효하다.

가장 오래된 서울 아파트의 역설

아파트를 고를 때 가장 선호하는 연식은 언제일까.

새삼스러울 것도 없이 '신축'이라고 모두가 대답할 것이다. 실거주로 고려한다면 더더욱 신축을 아파트 선택의 첫 번째 옵션으로 언급할 만하다. 사실 서울 아파트 시장에 가장 긴 조정기를 가져다온 것은 외환위기도 아니었고 글로벌 금융위기도 아니었다. 바로 1기 신도시 입주물량 폭탄이었다. 서울 근교의 대규모 신축 아파트 입주는 서울 주택 수요의 분산을 불러일으켰으며, 1991년부터 하락이 시작된 서울 아파트 시장은 1998년 IMF가 오기 전까지도 원점을 회복하지 못했다. 즉, 신축 선호 트렌드는 과거부터 이미 있었던 셈이다. 신축 아파트의 신고가 행진이 이어지는 요즘, 이 트렌드는 앞으로도 강화될 것으로 보인다.

투자 관점에서 접근하면 어떨까.

신축은 이미 그 가치가 상당 부분 반영되었을 가능성이 크다. 물론 신축이 기축보다 오를 가능성은 더 크지만 가치 반영 측면에서는 신축보다는 재건축 연한에 다다른 아파트, 즉 새로이 신축될 수 있는 아파트가 투자성이 더 높을 수 있다. 물론 재건축 연한에 다다랐다고 모두 재건축이 되지는 않으므로 사업시행인가를 받은 단지를 선택하는 것이 바람직하다.

그렇다면 각 지역별 아파트들의 연식을 한번 살펴보자.

1989년 이전 준공 아파트를 구식 아파트로 전제하고 이를 각 지역별 전체 아파트 수로 나눠서 구식 아파트 비율을 뽑아보았다. 그 결

지역별 아파트 연식

시도	전체 아파트	구식 아파트	구식 비율
전국	10,375,363	1,023,333	10%
서울	1,665,922	319,249	19%
6대 광역시	2,938,357	354,021	12%
경기도	2,676,037	141,131	5%
경상도	1,179,522	91,033	8%
충청도	753,570	34,616	5%
전라도	698,748	50,384	7%
강원도	307,839	28,744	9%
제주도	70,112	3,277	5%

출처: 통계청, 2017년 기준
*구식 아파트: 1989년 이전 준공 아파트

과, 서울이 19%로 전국 평균의 2배에 육박하는 것으로 드러났다. 반면 경기도는 5%로 구식 아파트 비율이 매우 낮았다. 쾌적한 신축 아파트를 찾아 서울에서 경기도로 많은 인구가 건너갔음을 짐작케 하는 부분이다.

서울 아파트가 역설적으로 강점을 가지는 부분이 바로 '연식'이다. 오래된 아파트가 가장 많음에도 불구하고 가장 높은 매매·전월세 시세를 자랑하는 것이 바로 수도 서울의 위상이다. 그런데 이 서울 아파트의 신축 비율이 높아질 경우 그 위상은 더욱 높아진다. 물론 이 점이 정부가 서울의 재건축 규제를 강화하는 이유가 될 수도 있다. 서울과 지방의 격차 확대를 피하고 싶은 정책적 의도가 반영된 결과인 것이다. 그러나 거주민들에게 생활상 불편을 언제까지나 강요하고 재건축을 막을 수도 없는 노릇이다.

결국 시간상의 문제이지, 서울이 낡은 연식을 바탕으로 점차 신축 비율이 올라갈 것은 분명한 사실이고 이것이 '가장 오래된 서울 아파트의 역설', 더 나아질 일만 남은 서울 아파트의 미래라고 판단한 이유다.

낮은 자가 보유율

일반적으로 사람들은 일정한 활동 반경 하에서 주로 움직인다. 자연히 주거지도 가능한 그 활동 반경 안에 두려고 한다. 게다가 직장이 안정적이거나 자녀가 학령기에 다다르면 더더욱 해당 지역에 둥지를 틀려고 할 것이다. 능력만 되면 해당 지역에 자가를 보유하려는 마음을 가지는 것도 당연하다.

그런 관점에서 이번에는 각 지역별 자가 보유율을 한번 확인해보자.

전국 자가 보유율은 55%, 경상도가 60%로 가장 높고 서울이 49%로 전국 지자체 중 유일하게 50%를 하회하고 있다. 간단히 돌려 말하면 서울의 무주택자 비율은 전국에서 유일하게 50%를 상회한다는 말이 된다.

앞서 언급한 것처럼 대부분의 사람들은 각 지역에 거주하는 이유가 있다. 서울도 마찬가지로 직주근접이든 학군이든 간에 각자 서울에 둥지를 튼 이유가 있을 것이다. 그렇지 않으면 높은 매매 시세나 전월세 비용을 물면서까지 굳이 서울에 거주할 이유가 없다. 그리고 기왕 서울에 거주하는 한, 자가 주택을 보유할 생각이 생기는 것도

지역별 자가 보유율

시도	총 가구	주택 소유 가구	자가 보유율
전국	19,367,696	10,743,492	55%
서울	3,784,705	1,864,059	49%
6대 광역시	4,928,848	2,849,771	58%
경기도	4,484,424	2,466,749	55%
경상도	2,350,104	1,406,426	60%
전라도	1,451,875	836,553	58%
충청도	1,431,644	807,650	56%
강원도	616,346	338,824	55%
제주도	229,337	126,245	55%

출처: 통계청, 2016년 기준

당연하다.

그런데도 자가를 보유하지 않았다면 그 이유는 대부분 재정 능력이 뒷받침되지 않았기 때문일 것이다. 거꾸로 말하면 매매 시세가 하락할 경우 무주택에서 유주택으로 전환할 수 있는 수요층이라고 볼 수 있는 것이다. 간단히 말해 전국에서 가장 높은 서울의 무주택자 비율은 서울 주택 가격의 하방 경직성을 강화시켜주는 요소다.

인구 감소가 먼저 시작된 일본

앞서 우리나라의 인구 감소 시점이 2032년에서 2028년, 더 나아가 2023년까지 앞당겨졌음을 언급한 바 있다. 이미 2011년부터 인구 감소가 시작된 일본의 사례는 우리에게 많은 시사점을 준다. 인구 감소로 시작된 일본 사회의 변화상을 잘 살펴보고 시사점을 얻어낼 필요가 있다.

일본의 인구 감소는 빈 집을 대거 양산해내기 시작했고, 공동화空洞化된 지역 사회는 갈수록 늘어났다. 이에 일본 정부는 '컴팩트 시티' 구상을 발표하여 '모여서 사는' 정책을 추진하기로 했다. 더 엄밀히 말하자면 '되는 지역'에 모여 살되, '안 되는 지역'은 사실상 방치하겠다는 뜻으로도 연결된다. 인구 감소가 시작된 일본 입장에서는 '안 되는 지역'의 행정 서비스와 인프라 정비 등에 행정력을 낭비할 여유가 없었기 때문이다.

자연스레 '되는 지역'과 '안 되는 지역'의 격차는 벌어질 수밖에 없었으며 그 일환으로 더 많은 일본인들이 도심으로 몰려들고 있는 게 지금의 현실이다. 젊은이들뿐만 아니라 고령 인구들도 도심으로 모이고 있다. 일손 감소에 따른 고령화 인력 채용 증가, 편의 시설과 의료 인프라 집중 등이 그 이유다.

그렇다면 일본의 주택 가격 추이는 어떻게 되고 있을까.

일본 수도권 평균 및 도쿄와 인근 도시들의 2000년 1월 주택 가격을 100으로 전제하고 2018년 4월까지의 가격 추이를 그려보았다. 다음 페이지의 그래프를 잘 보면 하락기에는 같은 속도와 비율로 감소하다가도 상승기에 접어들면 도쿄와 나머지 도시들 간에 격차가 벌어지는 것을 확인할 수 있다. 특히 일본은 2011년부터 인구 감소가 시작되었는데 그 이후 얼마 지나지 않아서 도쿄와 나머지 도시들의 격차가 더욱 커지고 있음을 볼 수 있다. 수도권 내에서도 도쿄로의

출처: 일본부동산연구소
*2000년 1월 주택 가격=100

집중이 가속화되고 있는 것이다.

그렇다면 우리의 미래는 어떻게 될까. 우리 사회는 인구 감소와 고령화로 치닫고 있다. 그 속도는 일본 이상이다. 실제로 얼마 전 30년 내에 자치단체 80여 곳이 사라질 수 있다는 발표가 나왔다. 특별한 묘책이 나오지 않는 한, 지방의 공동화는 피할 수 없는 미래이며 결국 우리나라도 일본처럼 '되는 지역'에 집중할 수밖에 없게 된다. 도쿄로의 집중 현상은 우리로 하여금 서울이 가장 안전한 투자처라는 사실을 되새기게 한다.

TIP

실업률이 역대 최고 수준인데 서울 아파트 값이 오른다고?

2018년 8월 15일, 통계청은 상반기 확장실업률이 11.8%로 관련 통계를 집계한 2015년 이후 가장 높은 수준이라고 발표했다. 여기서 말하는 확장실업률이란 기존 실업률을 보완해 일반인들이 체감하는 실업 상황을 좀 더 정확히 반영하기 위해 만든 지표다. 실업자 외에도 현재 구직활동을 하지 않지만 앞으로 기회가 되면 취업할 사람이나 현재 파트타임으로 일하면서 정규직으로 취업하려는 사람 등이 포함된다. 또한 7월 기준으로 25~34세 실업률도 6.4%로 1999년 이후 가장 높은 수준으로 발표되는 등 각종 실업률 지표는 역대 최악 수준으로 치닫고 있다.

주택 경기도 결국은 전체 경기의 영향을 받을 수밖에 없다. 경기가 안 좋은데 집값만 홀로 승승장구하기는 어렵다. 그렇기에 실업률이 역대 최고 수준을 기록할 만큼 경기가 안 좋음에도 불구하고 서울 아파트 값이 상승하고 있는 현실은 많은 이들의 고개를 갸우뚱하게 만든다.

그러나 높은 실업률의 이면에는 '양극화 확대'라는 무서운 진실이 이면에 자리 잡고 있다. 2018년 7월 취업자는 2,708만 3,000여 명으로 전년 동기 대비 불과 5,000명만 증가한 고용 참사를 기록한 바 있다. 그 안을 들여다보면 놀라운 사실이 발견된다. 4대보험이 적용되는 상용근로자는 1,374만 3,000여 명으로 전년 동기 대비 무려 27만 명 넘게 증가했다는 사실이다. 반면 임시 및 일용근로자는 647만여 명으로 23만 명 넘게 감소했으며 비임금 근로자와 자영업자도 각각 3만 5,000여 명과 3만여 명이 감소했다. 즉, 주택의 매수 주체인 상

5분위 가구별 월 평균 소득

	2017년 2분기	2018년 2분기	증감률
1분위	143만 4,559원	132만 4,915원	-8%
2분위	286만 1,395원	280만 196원	-2%
3분위	394만 7,343원	394만 2,263원	-0%
4분위	519만 2,179원	544만 4,161원	+5%
5분위	828만 5,447원	913만 4,884원	+10%
평균	434만 6,509원	453만 510원	+4%

출처: 통계청

용근로자는 꾸준히 증가 추세였다는 것을 알 수 있다.

상용근로자의 증가 추이만큼이나 놀라운 것은 소득 증가 추이다. 2017년 2분기와 2018년 2분기의 5분위 가구별 월 평균 소득 추이를 표로 나타냈다.

임시 및 일용근로자의 고용이 큰 폭으로 감소함에 따라 저소득층의 평균 소득도 크게 감소했다. 그러나 상용근로자의 증가폭 이상으로 소득 5분위, 즉 소득 상위 20% 계층의 평균 소득은 전년 동기 대비 무려 10%나 증가했다.

'양극화 확대'가 상상 이상으로 진행되고 있음과 동시에 주택의 매수 주체라고 할 수 있는 고소득자들의 소득이 큰 폭으로 증가했음을 확인한 셈이다. 실업률이 매우 높음에도 불구하고 서울 아파트 가격이 상승하는 아이러니한 현실의 이면에는 '양극화 확대'가 자리 잡고 있다.

특히 우리나라 총 가구 수 1,984만여 가구(2016년 기준)의 상위 20%, 즉 400만여 가구의 평균 연소득이 1년 만에 1억여 원에서 1억 1,000만여 원으로 크게 상승했다는 사실은 서울 아파트 가격이 왜 이렇게 뜨겁게 오르는지 설명해준다.

CHAPTER 4

오르는 아파트의 기준 4가지

기준1 갈수록 더해질 주요 역세권 가치

나의 관점에서 교통은 일자리 창출과 더불어 부동산에 가장 큰 영향을 주는 요소다. 많은 지역의 주민들이 자신들의 지역까지 지하철 노선을 연장해주거나 새로이 개통되길 원한다. 어느 지역이든 새로운 교통망이 뚫리면 부동산 가치는 자연스럽게 상승한다. 반포가 현재의 위치로 올라서기까지 래미안퍼스티지나 반포자이와 같은 고급 신축 랜드마크의 탄생 외에도 주요 업무지구를 관통하는 9호선 개통이 큰 역할을 했다. 역세권의 중요성을 알기에 많은 사람들이 집 근처에 역이 들어서길 원한다.

앞서 '인구 감소 → 노동력 감소 → 여성의 사회 진출 활성화 촉진 → 용이한 육아 위한 직주근접 트렌드 강화 및 교통 중요성 증대'라는 향후 전망을 언급했다. 통근·통학 시간도 2010년 73분에서 2015년 78.6분으로 지연되면서 주요 업무지구 및 학교로 빠르게 이동할 수 있는 역세권의 가치는 앞으로도 더 커졌으면 커졌지, 작아질 일은 없을 것으로 보인다.

그뿐인가. 지하철역을 중심으로 구축된 각종 쇼핑·편의 시설 등 풍부한 생활 인프라를 누릴 수 있다는 장점도 무시할 수 없다. 가까운 일본에서는 이러한 인프라를 누리기 위해 고령층도 역세권 중심으로 모이고 있다. 게다가 고령화의 영향으로 기존에는 도보 10분내 거리를 역세권으로 정의했다면 이제는 도보 7분내 거리, 즉 반경 500m 거리를 역세권으로 정의하려고 한다.

이렇듯 부동산 투자에 있어 역세권의 중요성은 너무나도 당연한 이야기다. 그러나 아무 역이나 근처에 있다고 다 좋은 건 아니다. 따라서 서울 및 주요 수도권에서 출근시간대 하차 인원이 많은 역들을 살펴봄으로써 직주근접에 가장 유리한 위치를 확인해보고자 한다.

다음 페이지의 표는 2018년 6월 한 달간 출근시간대(오전 06시~10시)에 하차 인원이 많은 역순으로 상위 20위까지 꼽아본 것이다. 한 달간 정확히 40만 명 이상이 출근시간대에 하차한 역은 20개였다. 많은 사람들이 근무하는 오피스 근처의 역을 추려본 셈인데 직주근접의 가치를 고려해볼 때 해당 역 근처의 아파트 단지는 인기가 있을 수밖에 없다.

그러나 대부분 주요 업무지구에 위치한 역이므로 주변에 아파트

서울 및 주요 수도권에서 출근시간대 하차 인원이 많은 역

지 역	역 명	하차 인원(명)	인접역(無환승)
금천구	가산디지털단지	957,522	구로, 신도림, 구일, 독산, 금천구청, 철산, 광명사거리, 남구로, 대림
강남구	선릉	924,661	역삼, 강남, 삼성, 종합운동장, 선정릉, 강남구청, 한티, 도곡
강남구	강남	920,027	교대, 서초, 역삼, 선릉, 양재
용산구	서울역	874,573	시청, 종각, 남영, 용산, 회현, 명동, 숙대입구, 삼각지, 공덕, 홍대입구
강남구	역삼	755,161	강남, 교대, 선릉, 삼성
강남구	삼성(무역센터)	740,181	선릉, 역삼, 종합운동장, 잠실새내
중구	시청	724,606	충정로, 아현, 을지로입구, 남영, 을지로3가, 종각, 종로3가, 서울역
영등포구	여의도	685,322	국회의사당, 당산, 여의나루, 마포, 샛강, 노량진, 신길, 영등포시장
송파구	잠실(송파구청)	621,681	잠실나루, 강변, 몽촌토성, 석촌, 강동구청, 잠실새내, 종합운동장
중구	을지로입구	619,795	시청, 충정로, 을지로3가, 을지로4가
서초구	고속터미널	572,772	신반포, 구반포, 잠원, 신사, 반포, 논현, 사평, 신논현, 내방, 교대, 남부터미널, 총신대입구
서초구	교대(법원, 검찰청)	538,888	서초, 방배, 고속터미널, 잠원, 강남, 역삼, 남부터미널, 양재
종로구	종각	528,402	시청, 서울역, 종로3가, 종로5가
종로구	광화문(세종문화회관)	527,419	서대문, 충정로, 종로3가, 을지로4가
서초구	양재(서초구청)	521,255	강남, 남부터미널, 교대, 매봉, 도곡, 양재시민의 숲, 청계산입구
구로구	구로디지털단지	511,384	대림, 신도림, 신대방, 신림
중구	을지로3가	460,530	을지로입구, 시청, 을지로4가, 동대문역사, 종로3가, 안국, 충무로, 동대입구
종로구	종로3가	445,697	광화문, 서대문, 종각, 시청, 동대문, 종로5가, 동대문역사, 을지로4가
성동구	성수	418,200	뚝섬, 한양대, 용답, 신답, 건대입구, 구의
중구	충무로	403,106	을지로3가, 종로3가, 동대문역사, 동대문, 명동, 회현, 동대입구, 약수

출처: 서울 열린데이터광장
*2018년 6월 오전 6시~10시 지하철역별 하차 인원

단지가 없는 경우가 많았다. 따라서 출근시간대 하차 인원이 가장 많은 상위 20위 역에서 환승 없이 두 정거장 내에 있는 역들을 표 오른쪽에 추려보았다. 주거지에서 오피스까지 'Door to Door'로 최대 30분 내에 도착할 수 있는 곳을 중요 포인트로 삼아본 것이다.

따라서 나는 출근시간대 하차 인원이 가장 많은 상위 20개 역과 해당 역에 접근성이 높은 70개 역(상위 20개 역과 중복 제외), 그리고 판교역 및 주변 3개 역까지 총 94개 역의 반경 500m 내 인접 단지를 직주근접 가치가 높은 곳으로 보았다. 이를 추천 단지 선정의 첫 번째 기준으로 삼았다.

참고로 판교역은 인근 판교테크노밸리로 인해 출근시간대 하차 인원이 상당히 많을 것으로 추정되나 신분당선 운영회사인 네오트랜스가 승하차 인원 통계를 공개하지 않고 있어 실제 하차 인원은 확인하기 어렵다. 그러나 판교는 서울 3대 업무권역(CBD, GBD, YBD)에 이어 4대 권역(PBD)으로 거론될 만큼 위세가 확장되었기 때문에 판교역(신분당선)을 추천 단지 선정 기준에 포함시켰다.

기준2 1,000세대 이상 대단지

대단지의 장점은 한둘이 아니다. 우선 대단지의 경우 주변 지역 주민들의 관심도가 높아 거래가 잘 된다. 즉, 환금성이 좋다는 장점이 있다. 거래가 빈번하므로 시세가 명확히 존재하여 관심 있는 매수자들이 쉽게 접근할 수 있다.

또한 세대수가 많아 단지 내외에 각종 인프라가 잘 갖춰져 있다. 특히 최근 대단지들은 커뮤니티 시설도 잘 되어 있어 헬스시설은 물론 실내수영장, 키즈카페, 골프 연습장, 사우나, 게스트 하우스까지 있다. 이러한 시설들로 인해 대단지 주민들의 생활 편의가 극대화된다.

게다가 초품아('초등학교를 품에 안은 아파트 단지'의 줄임말)가 인기를 끌듯 규모가 큰 대단지에는 초등학교뿐 아니라 중학교, 고등학교도 통학이 가능한 거리에 위치하고 있어 안심하고 아이를 기를 수 있다.

이뿐만 아니라 공용관리비를 많은 세대가 나누어 부담하므로 관리비도 상대적으로 적게 나온다. 게다가 도시공원 및 녹지 등에 관한 법률에 의거, 1,000세대 이상 아파트의 경우 1세대당 3㎡ 이상 또는 개발부지 면적의 5% 이상 중 큰 면적으로 녹지를 확보해야 한다고 규정하고 있다. 따라서 대단지 아파트는 조경이 매우 훌륭하다는 장

단지 규모별 가격 상승률

아파트 단지 규모	전국 상승률	서울 상승률
1,500가구 이상	+40.1%	+59.2%
1,000~1,499가구	+30.6%	+50.6%
700~999가구	+26.0%	+44.6%
500~699가구	+22.5%	+38.4%
300~499가구	+23.0%	+37.2%

출처: 부동산114, 2013년 7월~2018년 7월 기준

점도 있다.

이러한 장점들은 가격뿐 아니라 가격 상승률에서도 고스란히 드러난다.

보다시피 아파트 단지 규모가 클수록 가격 상승률도 높게 나타난 게 사실이다. 대규모 아파트 단지는 희소성도 갖추고 있는데, 2017년 말 기준으로 전국에 있는 2만 6,768개의 아파트 단지 중에 1,000가구 이상 대단지는 8%에 불과하며 1,500가구 이상은 3%(683곳)에 불과하다. 그마저도 대부분 수도권에 몰려있는데 1,500가구 이상 대단지 683곳 중 절반 이상이 서울과 인천, 경기도에 있다(서울 179곳, 인천 50곳, 경기도 189곳).

나는 해당 지역의 랜드마크로 군림하며 많은 관심을 받고 있는 대단지 아파트를 추천 단지 선정의 두 번째 기준으로 삼고자 한다.

기준3 신축의 희소성

새 아파트, 즉 신축에 대한 선호 경향은 갈수록 뚜렷해지고 있다.

2016년 9월 경주 지진, 2017년 11월 포항 지진 등으로 건물에 균열이 발생하여 내진 설계 여부가 중요해졌고, 미세먼지 심화로 환경오염에 대한 경각심이 높아지는 가운데 미세먼지 정화 시스템을 갖춘 아파트가 나오는 등, 신축 아파트는 최신 주거 트렌드를 반영하는데 매우 유리한 입장이다.

그뿐만 아니라 각종 특화설계와 첨단 시스템, 넓은 주차공간과 차별화된 커뮤니티 시설 등도 신축의 장점이라고 할 수 있다. 각종 에너지 절감기술이 적용되어 난방비 부담도 예전보다 줄어들었고 공간 활용도가 더욱 개선된 특화설계도 점점 늘어가고 있다.

2018년 우리나라의 1인당 GDP가 3만 달러를 넘어갈 만큼 수치상으로 나타난 우리 국민의 생활수준은 향상되었다. 그러나 주거 환경이 그 정도 위상인지 생각해보면 꼭 그렇지만은 않다. 아직도 열악한 환경에 놓인 주거 공간이 매우 많다. 따라서 신축에 대한 욕구는 줄어들 수 없으며 그 선호도가 계속 늘어날 것이라는 것도 당연한 전망이다.

사례를 들어보자.

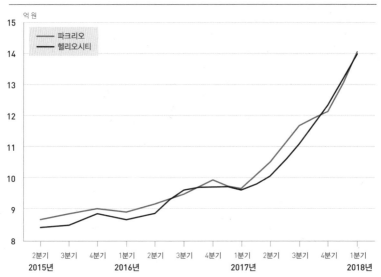

파크리오와 헬리오시티 평균 실거래가 추이

출처: 국토교통부, *6층 이상, 전용면적 84㎡ 기준

앞의 그래프는 송파구에서 규모가 가장 큰 파크리오(2008년 8월 입주)
와 헬리오시티(2018년 12월 입주 예정)의 6층 이상 전용면적 84㎡ 평균 실
거래가 추이를 알아본 것이다. 막상막하의 모습을 보여주고 있는 두
단지인데, 사실 입지만 봤을 때는 가락동도 좋은 입지이나 잠실에 위
치한 파크리오(행정동은 신천동)가 한강, 롯데월드타워, 올림픽공원과도
근접해 있어 조금 더 우위에 있다.

그러나 실제 매매가 추이는 서로 엎치락뒤치락할 정도로 어느 쪽이
우위를 보이고 있다고 말하기 힘든 수준이다. 신축 대단지라는 요소
를 감안하지 않고서는 설명할 수 없다. 더 놀라운 것은 다음 그래프다.

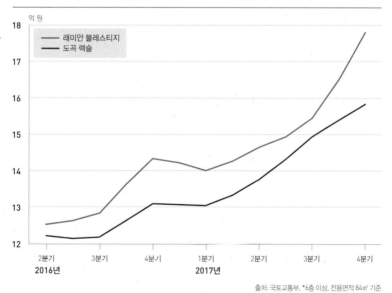

도곡 렉슬과 래미안 블레스티지 평균 실거래가 추이

출처: 국토교통부, *6층 이상, 전용면적 84㎡ 기준

강남구에 소재한 대단지 도곡 렉슬(2006년 1월 입주)과 곧 입주를 앞둔 래미안 블레스티지(2019년 2월 입주 예정)의 6층 이상 전용면적 84㎡ 평균 실거래가 추이를 나타낸 그래프다. 앞서 이야기한 파크리오와 헬리오시티보다 더 큰 차이를 보이고 있다.

사실 도곡 렉슬은 재건축을 추진 중인 단지들을 제외하면 강남구에서 가장 큰 규모(3,002세대)의 단지로서 매우 우수한 학군(대도초, 숙명여중, 중대부고 등), 대치동 학원가 접근성(도보 가능), 초역세권(3호선, 분당선) 등 최고 수준의 입지를 자랑하고 있다. 반면 개포동에 위치하여 입주를 앞두고 있는 래미안 블레스티지는 아직 조성되지 않은 학군, 역세권이라고 하기는 힘든 입지 등으로 인해 도곡 렉슬과 비교해 우수한 입지라고 할 수 없다.

그런데 그래프의 실거래가 추이는 입지와는 정반대의 모습을 보여주고 있다. 한마디로 '신축의 힘'이 '입지의 열위'를 상쇄하고도 남는 위력을 보여주고 있는 셈이다.

이번에는 조금 더 나은 입지의 기축이 신축에 추월당한 사례를 하나 소개하고자 한다.

마포구에 소재한 상암월드컵파크4단지(2006년 10월 입주)와 신축 DMC파크뷰자이1단지(2015년 10월 입주)의 6층 이상 전용면적 84㎡ 평균 실거래가 추이를 그래프로 나타냈다.

줄곧 격차를 좁혀오던 DMC파크뷰자이1단지가 2018년 2분기에 상암월드컵4단지를 앞섰다. 특히 DMC파크뷰자이가 2013년 11월 분양 당시 미분양 90%라는 충격적인 성적표를 받은 사실을 감안하면 이러한 양상은 상전벽해와 같다고 해도 과언이 아니다. 그만큼

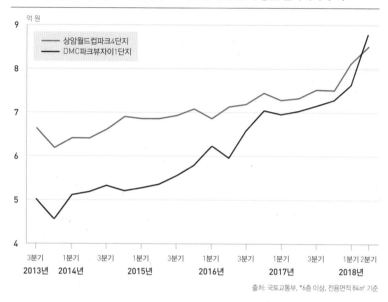

상암월드컵파크4단지와 DMC파크뷰자이1단지 평균 실거래가 추이

출처: 국토교통부, *6층 이상, 전용면적 84㎡ 기준

'신축의 힘'은 갈수록 맹위를 떨칠 것으로 예상된다.

앞서 재건축 초과이익 환수제 부활, 재건축 안전진단 강화, 조합원 지위 양도 금지 등의 규제로 인해 중장기적으로 공급이 줄어들 것이라고 말한 바 있다. 게다가 문재인 정부가 대규모 개발사업이 아닌 도시재생에 방점을 찍음으로써 더 이상 서울 내에서 대규모 개발이 진행되지 않을 가능성이 커졌다. 이 때문에 서울 신축 아파트 및 안전진단을 통과한 단지들의 희소성은 더욱 커질 것으로 보인다.

추천 단지 선정의 세 번째 기준으로 입주 10년 이내의 신축 단지 및 안전진단 이후 재건축 단계의 단지를 대상으로 삼은 것 역시 이러한 이유 때문이다.

새로운 호재

앞서 추천 단지 선정 기준으로 ① 주요 업무지구 역세권, ② 대단지, ③ 신축이라는 조건을 달았지만 이는 주로 기존 입지에 대한 내용이었다. 당연히 해당 단지의 가격은 이미 비싼 수준이다. 그렇다면 입지의 변화를 초래할 수 있는 새로운 호재도 짚고 넘어가야 한다. 부동산뿐 아니라 재화의 미래 가치를 가늠하는 데 있어 새로운 호재를 들여다보지 않을 이유가 없다.

입지를 변화시킬 만한 호재라면 일자리와 교통 측면으로 좁혀서 접근해야 한다. 강북에 집중된 도심 기능을 분산시키기 위해 명문 고등학교와 각종 국가기관들을 옮기면서 시작된 강남의 탄생은 대규모 아파트 단지와 업무 지구의 조성으로 방점을 찍었다. 대규모 업무지구 탄생이 부동산에 어떤 실질적 영향을 주었는지는 바로 뒤에서 설명하겠다. 교통도 마찬가지다. 지하철역을 유치하기 위해 해당 지역 주민들이 노력을 하는 이유 역시 편의성 강화 외에도 재산 증식 측면을 무시할 수 없기 때문이다.

최근 들어 탄생한 대규모 업무지구를 꼽으라면, 단연 잠실, 마곡, 판교 등을 언급할 수 있다. 그렇다면 최근 2년간 잠실, 마곡, 판교와 서울 평균 상승률을 비교해보면 어떤 결과가 나올까.

주요 지역별 평균 상승률은 각 지역의 2016년 4분기 시세를 1.0으로 전제하고 2018년 2분기까지의 시세 추이를 그린 것이다. 서울 평균 대비 잠실, 마곡, 판교의 추이를 잘 보면 대체로 서울 평균을 능가하는 상승 곡선을 그리고 있다. 마곡만 서울 평균과 유사한 수준

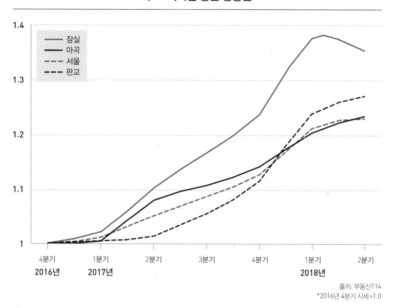

주요 지역별 평균 상승률

출처: 부동산114
*2016년 4분기 시세=1.0

의 흐름을 보이고 있는데 이는 다른 사정이 있다. 2014년 1분기부터 2016년 4분기까지 마곡이 서울 내 최고 수준의 상승률을 기록할 정도로 이미 크게 상승했기 때문이다. 2014년 1분기부터 2016년 4분기까지 서울 평균 상승률 +19% 대비 마곡 +66%였다. 그 정도 폭등 이후에도 서울 평균 수준의 상승률을 지속적으로 기록하고 있는 것도 마곡 업무지구의 힘이라고 할 수 있다.

새로운 지하철역이 개통되면 주요 업무지구나 학교로 이동이 쉬워짐에 따라 인구 유입이 늘고 상권도 발달한다. 역세권 아파트는 풍부한 수요로 인해 침체기에는 다른 지역보다 가격 하락폭이 작고, 상승기에는 초과 수익까지 바라볼 수 있다. 부동산114에 따르면 수도권에서 역세권 아파트 평균값은 비역세권 단지보다 5,841만 원 높은 6억 7,358만 원으로 조사되었다(2018년 3월 기준). 특히 경강선 3억 4,456만 원, 중앙선 1억 6,074만 원, 분당선 1억 3,800만 원, 경의중앙선 1억 1,080만 원 등 역세권과 비역세권 아파트 값 격차가 1억 원 이상 나는 노선도 존재했다. 지하철역 개통을 바라는 심리가 당연할 수밖에 없는 이유다.

따라서 나는 일자리와 교통으로 범위를 좁힌 호재를 추천 단지 선정의 네 번째 기준으로 삼겠다.

지금까지 다음과 같은 네 가지 추천 단지 선정 기준을 언급했다.

① 출근시간대 하차 인원이 많은 역과 인접 역세권

② 1,000세대 이상 대단지

③ 희소성이 부각되는 신축

④ 일자리와 교통 측면에서의 새로운 호재

그렇다면 이제 그 추천 단지 선정 기준에 해당되는 아파트 단지가 어디 있는지를 찾아야 할 때다. 많은 시간을 들여 필터링에 필터링을 거친 해당 아파트 단지들을 다음 파트3에서 소개하겠다.

추천 단지 이렇게 선정했다

2018년 3월에 발표한 서울시 생활권 계획에 입각해 5개 권역별로 나눠 추천 단지를 소개하고자 한다. 참고로 동남권에 성남시 분당구,

서울시 5개 권역

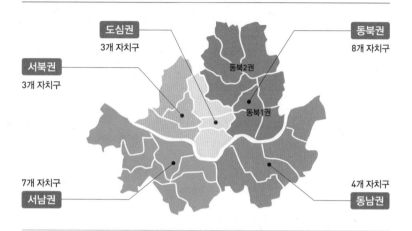

권 역	면 적	인 구	자치구
동남권	146km²	218만 명	강남, 서초, 송파, 강동
서남권	163km²	317만 명	강서, 관악, 구로, 금천, 동작, 양천, 영등포
도심권	56km²	58만 명	용산, 종로, 중(구)
동북권	171km²	326만 명	강북, 광진, 노원, 도봉, 동대문, 성동, 성북, 중랑
서북권	71km²	122만 명	마포, 서대문, 은평

출처: 서울시 생활권 계획

서남권에 광명시를 추가했다.

앞서 오르는 아파트의 기준 4가지를 소개했다. 왜 해당 기준이 추천 단지 선정에 적합한지 설명하기 위해 각 기준마다 근거를 제시해 최대한 신뢰도를 높이려고 했다. 그리고 그 순서에 맞춰서 추천 단지를 추려가는 과정을 밟아갔다.

우선 출근시간대 하차 인원이 많거나 그런 역에 인접한 역, 총 94개 역의 반경 500m에 위치한 단지들을 모두 확인했다. 그 결과, 아파트 154곳이 94개 역의 역세권으로 자리 잡고 있었다. 이중에서 1,000세대 이상 대단지들을 추려보니 총 84곳으로 범위가 좁혀졌다.

또한, 세 번째 기준이었던 연식(신축 10년 이내 또는 안전진단 통과단지)을 적용해보니 84곳이 37곳으로 줄어들었다. 즉, 직주근접 역세권, 대단지, 신축(또는 신축이 될 가능성이 큰) 이 세 가지 조건을 모두 충족하는 단지가 서울과 서울 근교에 총 37곳이었다. 상대적으로 상승의 절대 조건을 대부분 충족하고 있을 뿐 아니라 최고 수준의 입지에 위치한 단지다. 편의상 이를 '블루칩 아파트'라 부르고자 한다. 주식시장에서 재무구조가 건실하고 경기변동에 강한 대형 우량주를 블루칩이라고 하는데 위 37곳은 블루칩 아파트에 해당된다.

추천 단지 선정 과정

154단지	84단지	✔ 37단지
주요 역세권 단지	대단지	연식
500m 이내	1,000세대 이상	신축 또는 안전진단 통과

그런데 문제가 발생했다. 확인 결과 블루칩에 해당하는 37곳 중 무려 25곳이 특정 권역, 즉 동남권(강남 4구)에 집중된 것이다. 동남권 아파트 단지 가격이 가장 높을 수밖에 없는 이유가 입증된 셈이었다. 그러나 이 책도 동남권에 내용이 편중되는 한계와 맞닥뜨리게 된다. 따라서 37곳 외에 추가적으로 추천 단지를 뽑아내는 작업을 진행했다. 그 기준은 다음과 같다. 직주근접 역세권, 대단지, 연식을 모두 충족하지는 못해 1차 추천 단지에 들지 못한 단지들 중에 새로운 호재가 있는 단지를 별도로 선별하여 추천 단지 대상에 추가했다. 역시 편의상 이들 단지들을 '옐로칩 아파트'로 부르고자 한다.

다음 파트에서는 엄선된 64곳 추천 단지에 대해 각 권역별로 블루칩과 옐로칩으로 나눠 설명하겠다.

신축 대단지가 들어설 경우
주변 아파트는 오를까? 떨어질까?

신축 대단지가 들어서면 주변 기축 단지에 호재일까 악재일까에 대해 다양한 글이 부동산 온라인 카페에 올라온다. 호재라고 보는 사람들은 신축 대단지가 가격을 견인하여 해당 지역의 가격 천장을 상향 돌파하면 기축 단지들도 따라 올라간다고 본다. 악재라고 보는 사람들은 주택 수요가 신축에만 몰려 기축 단지들의 매수 수요가 현저히 떨어진다고 본다.

먼저 서울 내 신축 대단지 입주 후 주변 단지의 가격 추이를 살펴봄으로써 실제 어떤 영향을 주었는지 살펴보겠다.

다음 그래프는 잠실 주공1~4단지를 재건축하여 2006년 4분기부터 2008년 3분기까지 순차적으로 입주한 레이크팰리스, 트리지움, 엘스, 리센츠의 6층 이상 전용면적 84㎡ 평균 거래가 추이다.

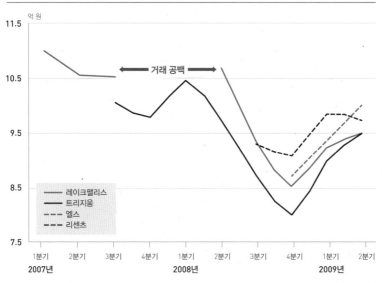

서울 신축 대단지 입주 후 주변 단지의 가격 추이

출처: 국토교통부 실거래가 공개시스템

2008년 3분기에 리센츠와 엘스가 각각 입주했다. 그런데 이미 입주한 지 1년이 지난 레이크팰리스와 트리지움 실거래가가 급락하는 모습을 볼 수 있다. 물론 2008년 9월 리먼브라더스 파산으로 비롯된 세계 금융위기 영향을 배제할 수 없으나 2008년 7월 입주가 시작된 리센츠와 비교해도 4분기까지 급락을 계속한다. 4분기 이후 리센츠, 엘스와 비슷한 추이로 반등할 수 있었던 것은 레이크팰리스와 트리지움 역시 입주한 지 얼마 안 된 신축이었기 때문이다.

참고로 레이크팰리스는 2007년 4분기와 2008년 1분기에 6층 이상 전용면적 84㎡ 거래가 하나도 이뤄지지 않았는데 이 역시 2007년 8월 입주가 시작된 트리지움의 영향이 컸을 것으로 판단된다. 즉, 신축 수요를 트리지움이 흡수해버린 것이다.

좀 더 시계를 뒤로 돌려보자. 이번에는 입주 8년 반 만에 마포래미안푸르지오라는 대단지 입주를 맞이한 래미안공덕3차의 가격 추이를 확인해보자.

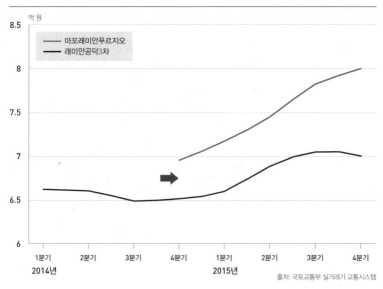

마포래미안푸르지오 입주 후 래미안공덕3차 가격 추이

출처: 국토교통부 실거래가 교통시스템

4년의 하락기를 마치고 2013년 4분기부터 서울 아파트 시세는 반등을 시작하게 되는데 래미안공덕3차는 2014년 들어서도 계속 하락기를 이어갔다. 그리고 마포래미안푸르지오의 입주가 2014년 9월 시작되자 그때부터 강보합세로 전환되었다. 이는 2015년 들어 서울 아파트 시장이 본격적으로 회복 국면에 접어들은 영향이 크다고 하겠다. 그러나 신축의 힘 앞에서 점점 더 격차가 벌어지는 모습 역시 눈에 띈다. 결국 반등은 시작되었지만 일정 수준의 수요를 마포래미안

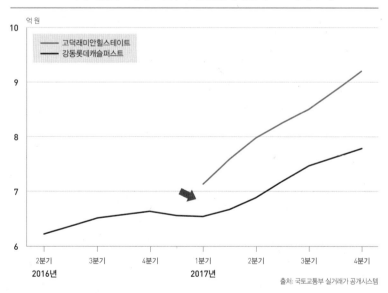

고덕래미안힐스테이트 입주 후 강동롯데캐슬퍼스트 가격 추이

출처: 국토교통부 실거래가 공개시스템

푸르지오에 뺏김으로써 충분한 수준의 반등까지는 다다르지 못했다.

마지막으로 시계를 가장 최근으로 돌려서 이번에도 먼저 입주 8년 반 만에 고덕래미안힐스테이트라는 대단지 입주를 맞이한 강동롯데캐슬퍼스트의 가격 추이를 확인해보자.

2016년은 서울 아파트 시세가 2015년부터 본격적인 상승장을 이어가고 있는 시점이었다. 앞 페이지의 그래프를 보면 강동롯데캐슬퍼스트의 상승세는 미미한 편인데 2017년 3월 고덕래미안힐스테이트가 입주를 시작하자 평균 실거래가가 잠시 뒷걸음질 치기도 했다. 이후 반등이 시작되나 고덕래미안힐스테이트와의 격차는 계속 벌어졌다. 2017년 상승장에서 강동롯데캐슬퍼스트도 상당히 올랐으나 고덕래미안힐스테이트에 비하면 아쉬운 수준의 상승이었다.

잠실과 마포, 고덕의 신축 대단지 입주 사례를 통해 결론을 내려보자.

대단지 입주가 시작되면 하락기(2008년)에는 주변 기축 아파트가 큰 폭의 하락을 면치 못했다. 약세에서 상승장으로 전환하려던 시점(2014년)에 기축 아파트는 소폭 하락 내지 보합 수준을 면치 못했다. 서울 평균 대비 분명 시세 분출을 못하는 모습이었다. 완연한 상승기(2017년)에도 오히려 약보합으로 잠시 전환되다가 다시 상승장의 힘을 받아 반등했다. 그러나 신축 상승률에는 미치지 못하는 수준이었다.

결국 신축 대단지의 입주는 주변 기축 아파트 시세 형성에 악영향을 미친다고 볼 수 있다. 하락장에서는 더 크게 하락하게 만들고 상승장에서 충분한 상승을 못 누리게 하는 결과를 가져왔다. 신축 대단지의 입주는 해당 지역 내 주택 수요의 쏠림 현상을 가져와 기축 아파트에 악재가 된다.

참고로 레이크팰리스, 트리지움의 경우 리센츠, 엘스와 입주 시기가 1년여밖에 차이가 나지 않아 그나마 동반 반등이 가능했다.

03

덜 올랐고 덜 내릴 아파트 64곳

CHAPTER 5

동남권

강남구, 서초구, 송파구, 강동구, 성남시 분당구

동남권이 전국에서 가장 우수한 입지를 갖추고 있음은 새삼 설명할 필요가 없다. 인구는 218만 명으로 서울 전체 인구의 21% 수준에 불과하나, 사업체 종사자 인원은 30%, 채용 인원은 37%로 일자리 측면에서 최고의 경쟁력을 갖고 있는 권역이다. 거기에 현대차 글로벌비즈니스센터GBC 건립, 광역교통시설(SRT, GTX) 확충, 영동대로 지하통합개발 등 굵직굵직한 개발계획은 동남권의 입지를 더욱 강화시켜줄 것이다.

앞서 언급했지만, 더욱 놀라운 것은 주요 업무지구 역세권 대단지 및 신축(또는 재건축이 가시화되는) 단지가 타 권역 대비 압도적으로 많다는 사실이다. 그러나 동남권 아파트 단지들의 입지 경쟁력이 좋다는 것 역시 모두 익히 알고 있는 사실이다. 따라서 추천 단지 선정 기준을 충족했다고 해서 동남권 중심으로만 단지를 소개하지는 않겠다. 동남권 추천 단지는 몇 곳을 묶어서 소개할 예정이다.

강남구

강남구에는 블루칩 아파트가 4곳 있다. 모두 대치동과 삼성동에 소재하고 있다. 대치동은 추천 단지 선정 기준 3가지를 모두 충족하는 단지들이 소재하고 있을 뿐 아니라 학군도 최고 수준이다. 대치동은 전국구 수준의 입지를 자랑하고 있다고 해도 과언이 아니다.

김상곤 교육부 장관 및 조희연 서울시 교육감이 여전히 자사고와 외고 폐지 추진 입장을 유지하고 있기 때문에 앞으로 일반고 전성시대가 다시 올 가능성은 커지고 있다. 따라서 대치동의 입지는 더욱 강해질 것이다. 삼성동 역시 영동대로 통합개발계획 및 현대차 글로벌비즈니스센터 신축 시 강남의 새로운 중심으로 부상하게 될 것이다. 이들 행정구역 내 역세권 대단지 4곳의 경쟁력에 대해 살펴보자.

대치, 학군 외에도 많은 강점이 있다

흔히들 대치동의 입지를 이야기할 때 학군이 가장 많이 거론된다. 학령인구 감소에도 불구하고 대치동의 인기가 계속될 것이라고 보는 이유는 수험생이 감소해도 SKY(서울대, 고려대, 연세대)에 들어가기는 여전히 어려운 현실과 같은 맥락이다.

그러나 대치동의 입지가 학군으로만 설명된다면 큰 오해다. 앞서 말했듯, 블루칩 아파트 단지 선정 기준은 직주근접 역세권, 신축(또는 신축이 될 가능성이 있는), 대단지다. 그런데 대치동의 단지 3곳이 이에 해당된디는 것은 대치동이 학군 외에도 강한 경쟁력이 있다고 볼 수 있다. 이 3곳은 2호선, 분당선 더블 역세권(도곡역)으로 출근시간대 하차 인원 2위인 선릉역에 접근성이 우수한 단지다.

블루칩 개포우성, 선경, 래미안대치팰리스

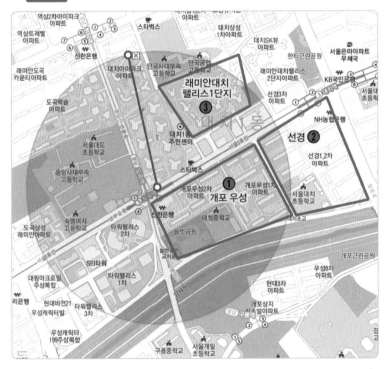

단위: 만 원

단 지	세대수	입주연월	매매 시세	전세 시세	비 고
개포우성	1,140	1983. 12	222,500	85,000	통합 재건축 논의 시작 (34평 기준)
선경	1,034	1983. 12	217,000	81,500	
래미안대치 팰리스1단지	1,278	2015. 09	185,000	103,500	대치동 유일 신축 대단지 (25평 기준)

출처: KB부동산, 2018년 8월 24일 기준. *1평은 3.3㎡

음영으로 표시된 원은 출근시간대 하차 인원이 많은 상위 20개 역 내지는 20개 역에 환승 없이 두 정거장 내에 갈 수 있는 역들의 반경 500m를 나타낸 것이다.

참고로 도곡역 반경 500m만 표시하고 대치역은 따로 표시하지 않았다. 대치역은 직주근접 역세권 기준에 미치지 못했기 때문이다.

하나하나씩 들여다보자. 우선 첫 번째로 소개할 곳은 개포우성 1·2차다. 사실 개포우성1·2차는 선경, 미도와 더불어 '우선미'라는 별칭으로 익히 알려져 있는 곳이다. 압구정현대에 버금가는 재력가들이 모여 있는 곳으로도 유명해 사실 입지 분석이 무색할 정도로 이미 대표적인 부촌 중 하나다. 대치동 학원가 근접성, 대치초, 대청중으로 대표되는 우수한 학군, 양재천과 맞닿은 쾌적함, 재건축 연한을 채운 연식, 대형 평형 위주의 구성 등 우선미의 장점은 한두 개가 아니다. 이런 '우선미' 중에서도 개포우성1·2차는 가장 시세가 높다. 그만큼 강남구 내에서도 경쟁력이 매우 강한 곳이다.

얼마 전까지만 해도 개포우성1·2차는 따로따로 재건축을 추진하려는 움직임이 강했다. 별도로 재건축을 추진할 경우 아무래도 세대수가 적다 보니 시너지 효과가 작을 수밖에 없다. 그러나 최근 들어 개포우성1·2차와 선경1·2차가 통합 재건축을 추진하려는 움직임이 있다고 하여 큰 관심을 모으고 있다. 이들 단지는 합치면 2,274세대이므로 재건축을 하면 3,000세대 이상 대단지가 될 것으로 보인다. 따라서 통합 재건축 성사 여부는 시장에 상당한 파급을 불러일으킬 것이다.

개포우성1·2차와 선경1·2차의 강점은 앞서 밝힌 대로지만, 단점역시 바로 앞에서 언급한 통합 재건축 추진 움직임이다. 독자적으로 추진해도 언제 끝날지 모르는 게 재건축이다. 이를 감안하면 통합 재건축은 온갖 난관이 도사리고 있을 게 뻔하다. 특히 양재천을 바라다보는 동 소유주들이 재건축 후에도 해당 동 배정을 요구할 가능성이 크기 때문에 이러한 이해관계의 문제를 얼마나 잘 풀어내느냐에 통합 재건축 성패가 달려 있다.

재건축 아파트 특성상 개포우성1·2차와 선경을 매입하려면 갭투자를 한다 해도 막대한 금액이 소요된다. 그렇기 때문에 재건축 완료 시점은 중요한 체크 포인트다. 최대한 위험을 줄이기 위해서 당장 재건축 초기 단계에서 매입하는 것보다는 사업시행인가 이후 매입하는 것이 가장 바람직하다.

거꾸로 래미안대치팰리스의 최대 강점은 바로 여기서 나온다. 래미안대치팰리스는 대치동에서 대치아이파크(2008년 6월 입주) 이래 7년만에 나온 신축 대단지다. 참고로 2017년 7월에 입주가 시작된 대치 SK뷰도 있으나 237세대 소단지다. 앞으로도 10여 년간 대치동에 신축 단지가 생길 가능성이 희박하다는 점을 감안하면 상당 기간 신축의 희소성을 누리게 될 것이다. 물론 개포 저층 재건축이 2022년까지 마무리될 예정이지만 기본적으로 대치동이 갖고 있는 입지의 힘이 있기 때문에 래미안대치팰리스의 강점이 퇴색될 것으로는 보이지 않는다. 따라서 나는 대치동 블루칩 아파트 단지 3곳 중에서 래미안대치팰리스의 투자 가치를 가장 높이 친다. 자주 거론되는 대치동 학원가 접근성 이외에도, 재건축을 마친 신축치고는 낮은 용적률(259%)과 건폐율(14%), 세대당 1.9대에 이르는 넓은 주차장 등은 부수적인 장점이다.

삼성, 강남의 새로운 중심

삼성동은 강남의 새로운 중심으로 부상하고 있는 핫 플레이스다. 영동대로 통합개발계획을 들여다보면 가장 눈에 띄는 것이 강남권 광역복합환승센터인데 코엑스, 현대차 글로벌비즈니스센터, 2호선 삼성역, 9호선 봉은사역 등 14곳과 지하로 직접 연결되며, 지상과 지하1층 사이에 총 14면 규모의 버스환승정류장, 지하4~6층에 KTX 동북부 연장, 위례신사선, GTX A·C 노선, 삼성~동탄 등 5개 광역 지역 철도를 탈 수 있는 통합역사가 생긴다. 삼성동이 교통과 업무지구의 새로운 중심으로 거듭나게 되는 것이다. 국제교류복합지구가 조성되고 영동대로 통합개발이 완성되는 2020년대 초중반에는 이미 강남의 중심축이 삼성동으로 동진을 완료했을 시점이다. 자금력만 된다면 삼성동 진입은 서둘러서 나쁠 것이 없다.

영동대로 지하공간 복합개발 기본계획 조감도

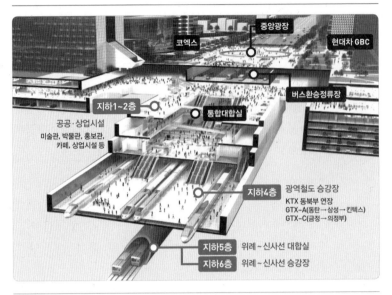

중앙광장

코엑스

현대차 GBC

지하1~2층

버스환승정류장

통합대합실

공공·상업시설
미술관, 박물관, 홍보관,
카페, 상업시설 등

지하4층

광역철도 승강장
KTX 동북부 연장
GTX-A(동탄→삼성→킨텍스)
GTX-C(금정→의정부)

지하5층 위례~신사선 대합실
지하6층 위례~신사선 승강장

출처: 서울시

블루칩 삼성힐스테이트1단지

강남구청역은 분당선으로 선릉역까지 두 정거장 거리로, 삼성힐스테이트1단지는 강남구청역과 반경 500m 거리에 약간 걸쳐 있다.

삼성힐스테이트1단지는 강남의 새로운 중심이 될 삼성동에서 유일하게 1,000세대가 넘는 대단지다. 거기에 강남구청역을 통해 선릉역까지 빠르게 이동할 수 있고 도보권 1km 내에 GBC, COEX가 위치해 있다. 그런 측면에서 1,000세대 미만의 규모 때문에 추천 단지 선정 기준에 미치지 못했으나 삼성힐스테이트2단지도 사실 손색 없는 블루칩 아파트다. 거기에 7, 9호선 및 분당선 트리플 역세권에다

삼성힐스테이트1단지 기본 정보

단위: 만 원

단 지	세대수	입주연월	매매 시세	전세 시세	비 고
삼성힐스테이트 1단지	1,144	2008. 12	180,000	90,500	삼성동 유일 대단지 (34평 기준)

출처: KB부동산, 2018년 8월 24일 기준

영동대교 진입도 용이하다. 그렇다고 주거 여건이 나쁜 것도 아니다. 대로변에서 100여 m 떨어져 있어 소음 스트레스가 적다는 것도 강점이다.

물론 단점이 없는 것은 아니다. 2018년이 입주한 지 10년째로, 신축 프리미엄이 사라지고 기축으로 넘어가는 시점이라는 것이 단점이라면 단점이다. 그러나 GBC와 COEX 반경 1km 내에 청담삼익과 잠실우성1·2·3차를 제외하고는 당분간 신축 예정 아파트가 없다는 것이 삼성힐스테이트1단지의 신축 프리미엄을 좀 더 지속시킬 수 있는 강점이다. 그나마 신축이 예정되었던 청담삼익은 삼익상가 소유주들이 조합설립인가 무효 소송에서 승소하면서 재건축 진행이 오리무중에 빠졌고, 잠실우성1·2·3차는 단지 중앙의 12, 13동 소유주들의 반대로 조합 설립이 지연되어 이들을 대상으로 토지분할청구소송 방안을 논의 중이라 아직 갈 길이 멀다.

서초구

서초구는 블루칩 아파트가 가장 많은 자치구다. 그 숫자만 해도 무려 12곳으로 서울 전체 블루칩 아파트 37곳 중 3분의 1 이상이 서초구에 집중되어 있다. 주택 가치 측면에서 서초구의 경쟁력이 월등할 수밖에 없는 이유다. 아파트 12곳이 모두 반포, 잠원동과 서초동에 집중되어 있다.

반포, 잠원 굳건한 왕의 자리

반포, 잠원의 입지 경쟁력은 지도를 통해서도 쉽게 드러난다.

A표시가 있는 곳이 반포, 잠원 지역이며 3대 업무지구(GBD, CBD, YBD)를 원으로 표시했다. 반포, 잠원은 경부고속도로와 인접한 경부축에 속하는 데다 한강변에 접해있고 GBD(강남)와의 기존 접근성에 더해 9호선 개통으로 YBD(여의도)와의 접근성마저 개선되어 최상의 입지를 자랑한다. 반포, 잠원에만 블루칩 아파트 9곳이 있는 것은 우

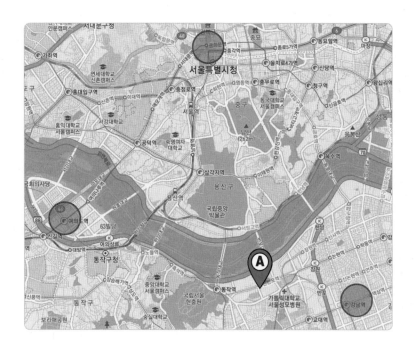

연이 아니다. 반포, 잠원 단지 9곳을 일괄적으로 소개하는 데 한계가 있어 반포대로를 사이에 두고 동쪽과 서쪽으로 나누어 설명하고자 한다.

블루칩 신반포2차, 신반포4차, 반포자이, 반포리체, 반포미도1차

우선 반포, 잠원 동쪽으로 가보자. 동쪽에는 신반포2·4차, 반포자이, 반포리체, 반포미도1차 등 5곳의 블루칩 아파트 단지가 있다. 모두 역세권 단지이면서 재건축 3곳, 신축 2곳의 적절한 구성이다.

반포, 잠원 동쪽 5곳 추천 단지의 강점은 고속터미널, 강남 신세계 백화점, 강남 성모병원, 킴스클럽 등 각종 편의시설이 인접해있다는

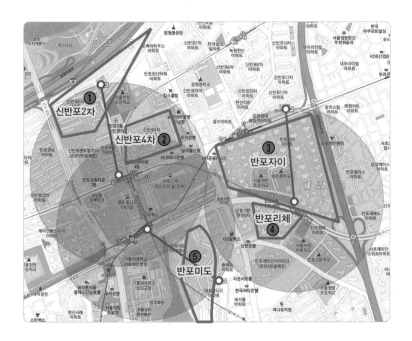

반포, 잠원 블루칩 기본 정보

단위: 만 원

단 지	세대수	입주연월	매매 시세	전세 시세	비 고
신반포2차	1,572	1978. 07	153,500	40,500	22평 기준
신반포4차	1,212	1979. 10	170,000	58,000	33평 기준
반포자이	3,410	2008. 12	170,000	84,000	25평 기준
반포리체	1,119	2010. 10	156,500	79,000	25평 기준
반포미도1차	1,260	1987. 06	151,000	56,000	34평 기준

출처: KB부동산, 2018년 8월 24일 기준

점이다.

위 5곳 중에 가장 눈에 띄는 것은 신반포2차다. 한강변에 길게 위치한 단지 구성으로 인해 재건축 후에도 대부분의 세대원들이 한강뷰를 향유할 수 있는 장점이 돋보인다. 향후 반포의 새로운 랜드마크가 될 잠재력이 있다.

그러나 최대 단점은 역시 재건축 속도다. 2003년에 추진위가 구성되었다가 내부 갈등이 심화돼 15년간 거의 한 발자국도 진도가 나아가지 못한 상태다. 그나마 다행인 것은, 서울시에서 재건축 기부채납으로 단지 중앙부에 한강변 연결공원을 조성하려고 했으나 사유재산 침해와 주민 사생활 보안 우려 등 반대 민원이 꾸준히 제기됨에 따라 공원 대신 녹지를 조성하는 것으로 방침을 바꾼 점이다.

2차가 한강뷰를 자랑하는 입지라면 4차는 백화점, 대형 쇼핑몰, 고속터미널 등이 더 가까워 생활 편의성에서 우위를 자랑한다. 이 역시 서울시에서 신반포4차와 인근 반원상가, 태남빌딩 부지를 묶어 공동개발을 유도하려고 했으나 4차 주민들과 상가 모두 반대 의견을 강력히 제시함으로써 서울시에서 공동개발을 하지 않기로 결정했다.

신반포2·4차 입주 시기를 추정하기는 어렵다. 재건축이 진행되다 보면 어떤 장애물을 만나게 될지 예측할 수 없다. 신반포2·4차가 아무리 입지가 뛰어나도 지금 당장 투자를 결정할 수 없는 이유다. 따라서 신반포2·4차와 같은 초기 재건축 단지는 진척 상황을 잘 살펴가며 투자를 결정해야 한다. '하이 리스크 하이 리턴High Risk High Return'을 지향하는 투자자가 아니라면 재건축 단계의 8부 능선을 넘었다고 볼 수 있는 사업시행인가 단계에서 들어가는 게 바람직하다. 이는 개포우성, 선경을 설명할 때도 동일하게 언급했다. 너무 안전 지향적인 것이 아니냐는 지적을 받을 수 있으나 2003년 추진위 설립 인가를 받은 신반포 2차가 15년이 지난 지금까지도 진전이 없다는 사실은 시간의 중요성과 더불어 재건축 초기단계 투자에 대한 경각심을 심어준다.

그렇다고 무조건 사업시행인가 이후에 투자하라는 이야기가 아니다. 당연히 주변 아파트 시세와 비교하여 투자 여부를 결정하는 게 맞다. 이런 상황에서 같은 지역 내에 있는 아크로리버파크와 래미안퍼스티지의 관계는 좋은 시사점을 준다.

2018년 입주 2년차인 신축 아크로리버파크는 입주 9년차인 래미안퍼스티지에 비해 34평 기준 3~4억 원 정도 비싸다. 신반포2·4차도 비슷한 비교대상이 있다. 바로 2018년 6월에 입주한 아크로리버뷰다. 신반포2·4차 재건축이 완료되어 입주를 시작할 때는 아크로리버뷰가 기축이 되어가고 있는 시점이다. 이때 아크로리버뷰 대비 3~4억 원 정도 비쌀 것으로 가정하고(34평 기준), 사업시행인가 때 신반포2·4차 매물 가격을 확인하여 투자성을 따지면 된다.

지역 내 비슷한 경우(신축 vs 기축)를 확인해서 재건축 단지의 투자성을 따져보는 것은 다른 재건축 단지에도 적용해볼 수 있다. 또한 가장 안전한 투자방법이기도 하다.

반포자이는 래미안퍼스티지와 자주 비교되는 단지다. 시세는 래미안퍼스티지에 비해서 1억 원 정도 낮은 수준이다(2018년 8월 24일 기준). 가격이 말해주듯 입지는 래미안퍼스티지에 비해 조금 뒤처진다. 그러나 단지 안에 초등학교와 중학교가 있고 경부고속도로와 강남역 접근성은 반포자이가 우위에 있다. 주차장이 모두 지하에 있어 지상에 차량 통행이 없다. 이 점은 초품아라는 장점 외에도 아이들 키우기 좋은 단지라는 이미지를 심어준다. 또한 넓은 주차대수(세대당 1.8대), 2.4km의 산책로와 실개천, 수목림 등 쾌적한 환경도 자랑한다.

그러나 반포자이는 2018년 입주한 지 10년째로 신축에서 기축으로 넘어가는 단계에 있다. 반포자이의 경쟁 우위 지속 여부를 판단하기 위해 주변 신축 대단지가 언제 들어설지 알아볼 필요가 있다. 2018년 6월 준공된 아크로리버뷰(595세대)와 8월 준공된 반포래미안아이파크(829세대)는 그다지 크지 않은 단지 규모 때문에 반포자이의 신축 프리미엄을 크게 훼손하지 않는다. 그 이후에도 2020년 준공 예정인 신반포센트럴자이(757세대)를 제외하고 당분간 반포자이를 위협할 만한 신축 대단지가 나타날 가능성은 매우 낮다.

문제는 반포대교 고가차도 건너편의 래미안원베일리(신반포3차, 경남 통합 재건축)와 디에이치클래스트(반포주공1단지1·2·4주구)가 입주하는 2022년 이후다. 입주 14년째가 넘어가는 시점에서 신축 대단지의 잇따른 등장은 반포자이의 비교우위를 상쇄할 악재다. 반포자이에 투자하는 것이 중장기적으로 반포 내에서 우선순위를 두기 어려운 이유다.

반포리체는 2010년에 입주해 반포 내에서는 비교적 신축에 속한다. 반포리체에 대한 평을 보면 하나같이 실거주 만족도가 대단히 높다. 반포동에서 가장 강남역 도로 접근성이 뛰어난 단지이기도 하며 초, 중, 고등학교가 단지 인근에 있고 경부고속도로도 단지 출구로 나서자마자 올라탈 수 있다. 커뮤니티 시설도 잘 되어 있고 조식 서비스를 시작한 몇 안 되는 단지다. 학원가가 가까운 장점도 있다.

그래서 반포리체는 반포동에서 래미안퍼스티지와 더불어 전세가율이 60%를 넘는 유이한 단지다. 듣던 대로 실거주 가치가 뛰어난 셈이다.

한 가지 아쉬운 짐은 브랜드 가치와 단지 규모다. 반포리체는 삼성물산과 대림산업의 컨소시엄으로 시공된 단지로, 인접한 반포자이에 비해 그리 떨어지는 입지가 아니다. 게다가 1,000세대 이상 대단지임에도 불구하고 반포자이에 비해 34평 기준 3억 원에 가까운 시세 격차를 나타내고 있다. 결국 브랜드 가치와 단지 규모에서 밀렸다고 볼 수 있다. 반포리체는 점차 신축의 장점을 잃어갈 것으로 보이나 기본적으로는 관리가 잘 되어 있고 실거주 가치가 우수하므로 반포동 평균 상승률을 따라 오르내릴 것으로 보인다.

반포미도1차는 2017년 12월 안전진단을 통과하여 정부의 안전진단 기준 강화를 피한 곳이다. 장단점이 명확한 곳이라 적정 가치를 산정하는 데 어려움은 있다. 일단 실거주로는 불편한 점이 많다. 우선 초등학교에 가려면 대로 2개를 건너야 하고, 중, 고등학교는 더욱 멀다. 언덕에 위치한 점도 단점이라 할 수 있다. 따라서 전세가가 낮을 수밖에 없다.

장점은 재건축 가능성에서 찾아야 한다. 대단지임에도 불구하고 전 세대 동일평형(34평)이라는 점이 상당히 빠른 재건축 진행을 가능케 할 수 있다. 지분이 상이할 경우 발생되는 분쟁 가능성이 줄어들기 때문이다. 게다가 주민들의 재건축 동의율이 매우 높은 수준으로 알려져 있어 빠르게 진행될 가능성은 더욱 높아진다. 물론 재건축 특성상 추정만으로 진행 속도를 예상하는 데에는 무리가 있다. 그러나

34평 대지지분이 17.7평으로 신축 동일평형도 무상으로 받을 가능성이 크다는 것이 반포미도1차의 투자 가치를 높이는 요소다. 2018년 8월 기준으로 34평 시세가 15억 원 수준인데 만일 10년 후 신축 34평으로 거듭나서 반포자이와 반포리체 중간 수준의 가격대로 간다고 가정할 경우 연평균 상승률은 3% 수준이다.

그 외에 반포동 아파트 시세의 전반적인 상승률은 덤이지만 재건축 아파트 투자에 따른 위험을 감안하면 눈에 띌 만큼의 상승률이라고 볼 수는 없다. 재건축 초기단계 단지인 만큼 진입할 기회는 향후에도 얼마든지 있다고 보인다. 반포미도1차에 관심이 있다면 좀 더 진척 상황을 보고 들어가는 것이 좋겠다.

블루칩 반포주공1·2·4주구, 반포주공3주구, 아크로리버파크, 신반포3차+경남, 래미안퍼스티지

반포, 잠원 블루칩 기본 정보

단위: 만 원

단 지	세대수	입주연월	매매 시세	전세 시세	비 고
반포주공 1·2·4주구 (디에이치 클래스트)	2,210	1973. 12	-	-	재건축 후 5,335세대로
반포주공3주구	1,490	1973. 12	-	-	재건축 후 2,091세대로
아크로리버파크	1,612	2016. 08	190,000	105,000	24평 기준
신반포3차+경남 (래미안원베일리)	2,433	2022. 08	-	-	재건축 후 2,971세대로
래미안퍼스티지	2,444	2009. 07	182,500	101,500	25평 기준

출처: KB부동산, 2018년 8월 24일 기준

반포, 잠원의 동쪽을 알아보았으니 이번에는 서쪽으로 가보자. 사실 반포, 잠원의 대장주는 이쪽에 모여있다고 해도 과언이 아니다. 모두 역세권 대단지로 구성되어 있는 이곳은 남은 재건축 단지들마저 신축으로 바뀔 경우 대단한 위용을 자랑할 것이다.

반포, 잠원 블루칩 기본 정보에서 반포주공 1·2·4주구 및 3주구와 신반포3차+경남의 시세를 적지 않은 이유는 이미 관리처분인가 전후 단계에 있어 KB시세가 형성되어 있지 않기 때문이다.

반포주공1단지를 매입하기 위해서는 매우 큰 비용이 소요된다. 이 정도 자금력이 있는 사람이라면 굳이 이 책을 통해 정보를 얻지 않아도 되겠지만 반포주공의 매입 가치를 설명하기 위해 내용을 추가하겠다.

반포, 잠원 블루칩 시세 비교

단위: 만 원

단 지	기존 평형	신축 평형	시 세	추가분담금	총 액
반포주공 1·2·4주구 (디에이치 클래스트)	32평	34평	320,000 ~330,000	-113,000	207,000 ~217,000
반포주공3주구	22평	33평	178,000 ~193,000	-3,000	175,000 ~190,000
아크로리버파크	34평		260,000	-	260,000
신반포3차+경남 (래미안원베일리)	33평	34평	210,000	+16,000	226,000
래미안퍼스티지	34평		223,000	-	223,000

2018년 7월 기준

결론부터 말하면 반포주공1·2·4주구 및 신반포3차＋경남은 인근 신축 단지인 아크로리버파크에 비해 저평가돼 있다. 5곳의 33~34 평형 시세를 비교해보면 저평가 여부는 확연히 드러난다.

위의 시세 비교 표는 2018년 7월 인근 중개업소를 통해 확인한 시세에 예상 추가분담금을 더해서 33~34평 신축을 받기 위해 필요한 비용을 산출한 것이다. 입주 9년차를 맞이하는 래미안퍼스티지는 22억 3,000만 원, 입주 2년차인 신축 아크로리버파크는 26억 원이 평균 시세다.

이에 반해, 2년 후 입주 예정인 신반포3차(래미안원베일리)는 추가분담금 1억 6,000만 원 포함 22억 6,000만 원, 반포주공 1·2·4주구는 환급금 11억 3,000만 원 포함 20억 7,000~21억 7,000만 원, 3주구는 환급금 3,000만 원 포함 17억 5,000~19억 원이 시세다. 신축 대장주 아크로리버파크에 비해 반포주공1·2·4주구는 80~83%, 3주구는 67~73%, 래미안원베일리는 87% 수준의 비용만 필요한 실정이다.

그러나 반포주공3주구의 추가분담금을 예상하기 힘든 이유는 1·2·4주구가 재건축 초과이익 환수제를 피한 데 비해 3주구는 이를 피하지 못했기 때문이다. 얼마나 환수금이 부과될지 모르는 불확실성 속에서 3주구를 매입하기란 쉽지 않은 결정이다. 사업의 9부 능선을 넘은 1·2·4주구에 투자의 발길이 쏠리는 것은 당연하다.

이런 상황에서 1·2·4주구는 2022년 2월 입주를 목표로 하고 있다. 그렇다면 필요총액 20억 7,000~21억 7,000만 원에서 LTV 40% 만큼만 대출금리 연 4.5% 적용할 경우 입주 시기까지 필요한 총액은 22~23억 수준에 다다르게 된다. 아크로리버파크의 시세 26억과 비교할 때 3~4억 원 정도 갭이 있다(2018년 7월 기준).

신반포3차+경남은 어떨까. 마찬가지로 필요총액 22억 6,000만 원에서 LTV 40% 만큼만 대출금리 연 4.5% 적용할 경우 입주 시기까지 필요한 총액은 24억 3,000만 원 수준에 다다른다. 아크로리버파크와 1억 7,000만 원 정도 갭이 있다.

따라서 반포주공1·2·4주구, 신반포3차+경남, 아크로리버파크 순으로 시세가 저평가되었다. 반포주공3주구는 아쉽게도 재건축 초과이익 환수제의 불확실성으로 저평가 여부를 확인할 수 없다.

다만 앞서 92페이지 TIP에서 설명했듯, 신축 대단지의 입주는 대체로 주변 기축 아파트 시세에 악영향을 미친다. 여기에 근거하여

2022년에 잇따라 입주하게 될 반포주공1·2·4주구(디에이치 클래스트)와 신반포3차+경남(래미안원베일리)이 아크로리버파크를 반포 대장주에서 끌어내릴 것으로 전망되며 신축 수요의 분산으로 시세 형성에도 악영향이 불가피해 보인다. 래미안퍼스티지도 2022년이 되면 입주 13년차가 되어 신축 프리미엄이 사라지면서 주변 단지들과의 경쟁에서 뒤처질 가능성이 크다.

서초, 직주근접 최강의 입지

앞서 강남역이 2018년 6월 출근시간대 하차 인원 3위를 기록했다고 언급한 바 있다. 참고로 1위 가산디지털역은 96만 명, 3위 강남역은 92만 명이었다. 사실 실제 하차 인원은 강남역이 1위였을 가능성이 매우 크다. 해당 통계에서 신분당선 하차 인원은 배제되어 있기 때문이다. 신분당선 운영회사인 네오트랜스는 하차 인원을 공개하지 않았다. 따라서 신분당선도 포함할 경우 강남역은 출근시간대 하차 인원이 서울에서 가장 많을 것이라고 추정해볼 수 있다. 서울 최대의 업무지구라고 규정할 수 있는 셈이다.

그런 강남역에 최고의 접근성을 자랑하는 아파트 단지가 래미안에스티지, 에스티지S, 리더스원이다. 편의상 '래미안 3형제'로 지칭하겠다.

블루칩 래미안에스티지, 래미안에스티지S, 래미안리더스원

래미안에스티지와 에스티지S는 역세권이긴 하나 1,000세대 이상 대단지가 아닌데 왜 블루칩 단지에 들어갔을까. 2020년 8월 입주하

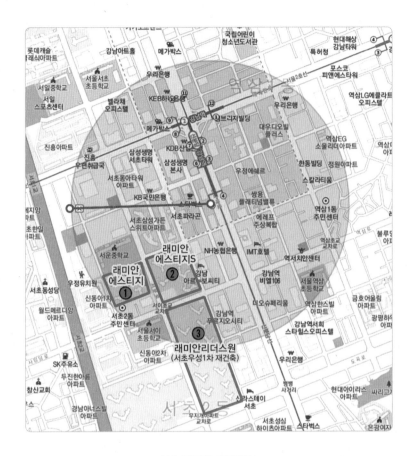

서초 블루칩 기본 정보

단위: 만 원

단 지	세대수	입주연월	매매 시세	전세 시세	비 고
래미안에스티지	421	2016. 12	167,500	95,000	33평 기준
래미안에스티지S	593	2018. 01	190,250	100,000	33평 기준
래미안리더스원	1,317	2020. 08	–	–	서초우성1차 재건축

출처: KB부동산, 2018년 8월 24일 기준

는 래미안리더스원과 함께 동일 호재와 동일 학군을 공유하는 래미안 타운이 탄생되기 때문이다. 래미안 타운은 2,000세대가 넘는다. 따라서 대단지 조건을 충족시킨 것으로 간주하고 블루칩에 포함시켰다.

앞서 출근시간대 하차 인원 산출을 통해 강남역 주변을 서울 최대의 업무지구라고 추정했다. 래미안 3형제는 추가적인 입지 강화를 앞두고 있다. 바로 삼성역에 세워질 GBC의 존재다. 삼성타운을 1블록 거리 앞에 두고 있는 상황에서, 강남역과 불과 세 정거장 떨어진 삼성역에 현대차그룹 본사까지 들어올 경우 래미안 3형제는 삼성과 현대 본사를 매우 가까운 거리에 두는 직주근접 최강의 입지를 자랑하게 된다.

이미 충분한 주택 수요는 수치상으로도 드러난 상황이다. 2018년 1월부터 입주가 시작되었던 에스티지S는 6층 이상, 전용면적 84㎡ 평균 전세가가 3월 8억 9,000만 원, 4월 8억 6,000만 원 등 한때 9억 원 이하로 떨어졌다. 그러나 5월에는 9억 3,000만 원으로 곧바로 반등하는 모습을 보이면서 우수한 입지를 바탕으로 풍부한 주택 수요를 과시하고 있다.

거기에 세 단지가 사실상 서이초등학교를 품에 안고 있는 장점까지 갖고 있다. 인근의 서운중학교 역시 명문중학교다. 직주근접에 우수한 학군, 그리고 추가적인 호재까지 래미안 3형제의 앞길이 대단히 밝다는 것은 더 이상 설명할 필요가 없다.

송파구

동남권 마지막 블루칩 아파트 단지들은 대부분 송파구 잠실동에 있다. 사실 잠실을 '강남의 범주에 넣냐, 안 넣냐'는 온라인 부동산 카페에서 흔히 일어나는 논쟁이지만 최근 가격 추이는 이런 논쟁을 무색케 하는 모습을 보여준다. 특히 잠실의 입지는 원래 좋았으나 갈수록 더 좋아지고 있다는 사실이 가격 추이를 통해서 이미 드러났다. 놀라운 결과다.

2016년 4분기까지만 해도 잠실동의 평당가는 강남구 평균에 300만

강남, 서초, 잠실 평당 시세 추이

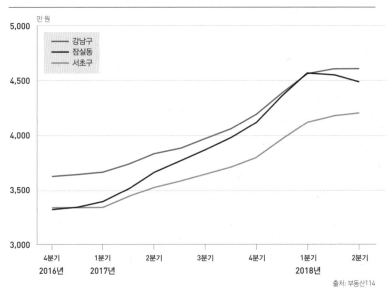

출처: 부동산114

원 이상 뒤졌고 서초구 평균과 비슷한 수준이었다. 그러나 2017년부터 서초구를 앞지르더니 2018년 1분기에는 강남구를 따라잡는 수준까지 이르렀다. 참고로 2분기에 시세 격차는 다시 벌어졌다.

다른 지역 대비 초과 상승하는 데에는 이유가 있는 법이다. 당연히 잠실의 상승에도 이유가 있다. 바로 강남의 동진이 잠실 입지의 강화를 불러일으키고 있다.

롯데월드타워의 완공은 강남 동진의 시작을 알리는 신호탄이었다. 이어 GBC 신축계획뿐 아니라 국제교류복합지구 조성의 일환인 영동대로 통합개발계획 및 종합운동장 개발계획 등 COEX~잠실종

국제교류복합지구 조감도

출처: 서울시

합운동장을 잇는 199만㎡에 대규모 자본이 투입된다. 그리고 이 지역에 가장 인접한 아파트 대단지가 모여 있는 곳이 잠실이다.

게다가 블루칩 아파트로 간주한 조건(① 주요 업무지구와 인접한 역세권 ② 대단지 ③ 신축 또는 안전진단 통과 단지)을 모두 충족하고 있는 아파트 단지들이 잠실에 많다. 잠실이 다른 지역 대비 초과 상승하지 않고는 배길 수 없는 입지 강화가 계속 이어지고 있다.

블루칩 엘스, 리센츠, 잠실주공5단지, 장미, 파크리오, 미성·크로바, 진주

송파 블루칩 기본 정보

단위: 만 원

단 지	세대수	입주연월	매매 시세	전세 시세	비 고
엘스	5,678	2008. 09	138,000	70,000	24평 기준
리센츠	5,563	2008. 07	135,500	71,500	24평 기준
잠실주공5단지	3,930	1978. 04	181,500	38,000	재건축 후 6,401세대로 (34평 기준)
장미	3,522	1979. 01	124,000	43,250	28평 기준
파크리오	6,864	2008. 08	124,000	67,000	25평 기준
미성·크로바 (시그니엘 잠실)	1,350	1980. 12	132,000	22,000	재건축 후 1,888세대로 (24평 기준)
진주	1,507	1980. 01	130,000	33,000	재건축 후 2,638세대로 (25평 기준)

출처: KB부동산, 2018년 8월 24일 기준

이 안에서도 최고의 입지는 엘스다. 엘스는 국내 초고층 건물인 롯데월드타워 및 GBC와 거의 동일 거리 사이에 위치한 단지다. 참고로 엘스 동쪽에서 롯데월드타워까지는 1.4km, 엘스 서쪽에서 GBC까지는 1.2km다. 알기 쉽게 롯데월드타워와 GBC를 각각 동그라미로 왼쪽 지도 위에 표시했다. 게다가 삼성~잠실 사이에 조성되는 국제교류복합지구 개발계획 호재의 직접적 수혜 단지이기도 하다. 또한 대치동 학원가 접근성도 잠실 단지 중에 가장 좋고, 주요 업무지구와 접근성이 좋은 2, 9호선 더블 역세권이라는 점도 엘스의 입지를 돋보이게 한다. 직주근접과 한강변, 대단지라는 세 가지 특장점을 갖고 있는 엘스는 입주 10년차에 이르러 신축 프리미엄이 사라지기 시작하는 단계이지만 이를 무색하게 하는 호재가 넘치고 있다.

리센츠는 엘스와 비슷한 점이 굉장히 많은 단지다. 단지 규모, 입주 시기도 비슷할 뿐더러 역세권이란 점도 비슷하다. 그럼에도 불구하고 리센츠의 매매가(34평 기준)가 엘스에 비해 근소하게 우위를 유지할 수 있었던 배경에는 동 간격이나 배치가 상대적으로 좋은 측면이 있었고, 단지 중간에 초중고가 모여 있어서 어느 동에서나 학교가 가깝다는 장점이 작용한 것으로 보인다. 거기에 롯데월드 접근성이 리센츠가 소폭 앞선다.

그러나 GBC 건립 및 종합운동장 개발이 가시화될수록 엘스가 리센츠에 밀렸던 과거는 말 그대로 과거의 일이 될 것이다. 물론 개발계획은 리센츠에도 호재이지만 해당 개발지역에 바로 인접한 엘스에 보다 직접적인 호재로 작용함으로써 그동안의 역학 관계에 역전을 초래할 것으로 보인다. 물론 리센츠의 입지 강화도 진행중이다.

잠실주공5단지는 은마와 더불어 재건축 뉴스에 가장 자주 거론된다. 삼성물산, GS건설, 현대산업개발 공동 컨소시엄 시공사로 재건축이 추진 중이다. 2, 8호선 더블 역세권에 한강변 그리고 롯데월드에 붙어 있어 입지는 원래부터 좋았다. 설계안 국제현상공모까지 마치고 사업시행인가를 향해 박차를 가하고 있다. 잠실주공5단지는 다른 단지에서 찾아볼 수 없는 장점 하나가 있다.

준주거로 종상향을 추진하여 50층짜리 4개동을 짓는 안이 도시계획위원회를 통과했다. 전체 부지면적 중 무려 16.5%가 공원, 학교 등 문화시설로 개발되고 602가구를 임대가구로 배정하는 반대급부가 있었으나 대부분 재건축 단지들이 서울시 35층 층수 제한에 묶인 상황에서 50층 4개동을 보유하게 될 잠실주공5단지의 희소가치는 대단히 높아질 전망이다. 게다가 중층 단지 중에서 최고 수준의 대지지분(34평의 대지지분이 23평)은 잠실주공5단지의 투자 매력을 한층 높여준다.

장미는 잠실대교 남단 교차로를 사이에 두고 잠실주공5단지와 자주 비교가 되는 입지에 위치하고 있다. 잠실주공5단지와 함께 50층을 노려볼 수 있는 단지이며 잠실주공5단지보다 더 많은 세대가 한강뷰를 향유할 수 있는 장점도 있다. 입지적으로는 손색이 없다. 그러나 문제는 입지가 아니라 다른 곳에 있다.

가장 큰 장애물은 상가다. 아파트와 상가가 지분을 공유하고 있어 별도 개발이 어렵다. 아파트와 상가가 머리를 맞대고 통합 개발에 나서야 하나, 잡음 없이 진행될지 미지수다. 또한 2016년에 추진위가 설립되는 바람에 재건축 초과이익 환수제가 폐지되거나 시행이 유예

되지 않는다면 재건축이 끝난 후 환수금 폭탄을 맞이할 우려도 있다. 재건축 초과이익이 추진위 설립 당시 가격 기준으로 산정되는 만큼, 추진위 설립 이후 매매가가 폭등했기 때문에(2016~2018년) 그만큼 불이익을 받을 수밖에 없는 구조다. 개포주공6·7단지가 추진위 설립을 연기시킨 것도 재건축 초과이익 환수금 폭탄을 피하기 위함이었다.

게다가 아직 사업진행이 초기 단계인데도 대지지분당 평당가가 고평가되어 있다. 33평 대지지분이 15.6평으로, 2018년 8월 중순 기준 KB시세 14억 500만 원 감안 시 대지지분당 평당가가 9,006만 원에 이른다. 그런데 잠실주공5단지는 34평 대지지분이 23평으로 8월 중순 KB시세 18억 1,000만 원 감안 시 대지지분당 평당가가 7,870만 원에 불과하다. 장미가 5단지보다 평당 1,000만 원 이상 고평가되어 있는 셈이다.

따라서 장미는 입지적으로 블루칩 아파트 단지에 속하나 재건축 진행 속도, 재건축 초과이익 환수금 폭탄 우려, 경쟁단지 대비 고평가된 가격으로 인해 잠실 내에서 투자 순위를 따지자면 가장 후순위다.

파크리오는 여느 잠실 단지들처럼 더블 역세권(2, 8호선)에다 멀지 않은 거리에 9호선까지 개통될 예정이다. 단지 안에 초등학교와 고등학교가 있으며 올림픽공원과 인접한 좋은 입지에 위치한다. 헬리오시티가 입주할 때까지는 전국에서 가장 큰 아파트 단지라는 위용을 자랑하고 있는 파크리오는 네이버 부동산 '가장 많이 본 단지' 랭킹에서 늘 5위 안에 들 만큼 많은 관심을 모으고 있는 곳이다. 앞서 서울 아파트 시세를 가늠해볼 수 있는 기준 아파트로도 언급했다. 즉, 파크리오의 매수 대기자가 대단히 많다는 결론을 내릴 수 있다.

문제는 다른 데 있다. 바로 헬리오시티의 존재다. 헬리오시티 입주가 파크리오에 악재인 이유는 전세가의 하락에 따른 매매가 하방 압력 때문만은 아니다. 비슷한 가격대에 더 큰 규모의 신축 대단지가 생기면 주택 수요층 입장에서는 '선택지의 확대'라는 상황을 맞이한다. 수요가 분산되는 것이다. 게다가 입주 10년차를 맞이한 파크리오 입장에서는 신축이라는 강력한 라이벌과 부딪히는 부담이 크다. 물론 파크리오도 잠실에 속한 대단지이고 블루칩 아파트 단지 기준에 부합하긴 하나 '헬리오시티'라는 파도를 처음으로 받아쳐야 하는 수급상의 부담이 있는 것은 알고 있어야 한다.

미성·크로바는 잠실에서 10년 넘게 맥이 끊겼던 신축 공급의 재개를 알리는 첫 신축 단지다. 잠실 신축의 희소성을 당분간 톡톡히 누리게 될 것으로 보이는 미성·크로바는 2018년 7월 5일 관리처분인가를 득하여 2018년 내에 이주를 완료하고 2019년 상반기 중 철거 및 착공, 2022년 3월 입주를 목표로 하고 있다. 시공권을 따내기 위해 롯데건설이 미성·크로바에 들인 노력은 대단하다. 그중에서도 눈에 띄는 것이 롯데월드타워와 지하로 연결되는 무빙 워크다. 대규모 업무지구 또는 쇼핑지구, 역과의 접근성을 한층 강화해준다. 게다가 2019년 석촌호수(동호)에 완공될 음악분수는 롯데에서 965억 원을 들여 미국 벨라지오 호텔 분수에 버금가는 규모(가로 340m, 높이 24m)로 짓게 된다. 이러한 볼거리의 가장 직간접 수혜를 보는 단지가 미성·크로바다.

진주는 미성·크로바에 이어 입주하게 될 잠실의 두 번째 신축 단지다. 2018년 10월경 관리처분인가가 예상되고 2019년 상반기 중 이주를 완료하고 하반기 중 철거 및 착공, 2022년 하반기 입주할 것으로 예상된다. 한 가지 단점은 단일 시공사가 아닌 컨소시엄(삼성물산과 현대산업개발)이라는 점인데, 이러한 단점을 상쇄시킬 만큼 호재도 많은 곳이다. 기존에도 2, 8호선 더블 역세권이었던 진주는 인근(올림픽공원 남4문)에 9호선이 2018년 내 개통을 앞두고 있어 트리플 역세권이 된다. 올림픽공원을 옆에 두고 있는 트리플 역세권 신축 대단지가 탄생하는 것이다.

진주의 장점은 한 가지 더 있다. 바로 저평가다.

보다시피 진주의 추가분담금이 미성·크로바보다 적어서 전체 소요되는 비용이 적다는 장점이 있다. 평당가로 봐도 진주가 미성·크로바보다 싼 저평가 국면에 있다. 이는 미성·크로바가 1,350세대에서 재건축 후 1,888세대로 변하는 반면, 진주는 1,507세대에서 재건축 후 2,638세대로 크게 증가하는데 그만큼 일반분양이 많아 수익성

미성·크로바, 진주 시세 비교

단위: 만 원

단 지	기존 평형	신축 평형	시 세	추가분담금	총 액
미성·크로바 (시그니엘 잠실)	24평	36평	132,000	+31,000	163,000
	32평	36평	152,000	+6,000	158,000
진주	25평	33평	130,000	+14,000 ~16,000	144,000 ~146,000
	33평	33평	160,000	-8,000 ~-10,000	150,000 ~152,000

2018년 7월 기준

에서 앞서기 때문이다. 향후 호재나 저평가 측면에서 진주의 투자성은 잠실 내에서도 매우 앞선 편으로 판단된다.

블루칩 헬리오시티

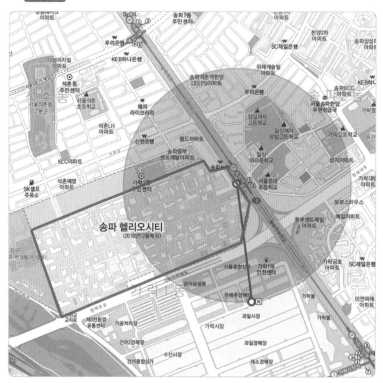

송파 헬리오시티 기본 정보

단위: 만 원

단 지	세대수	입주연월	매매 시세	전세 시세	비 고
헬리오시티	9,510	2018. 12	153,000	–	33평 기준

*매매 시세는 2018년 7~9월 33평 평균 실거래가로 기재

둔촌주공이 입주할 2022년까지 국내 최대 아파트 단지 규모를 자랑하게 될 헬리오시티는 84개동 9,510세대로 구성되어 2018년 12월 입주한다. 어떤 형태로든 서울 부동산 시장에 상당한 수준의 영향을 미치게 될 헬리오시티의 입주에 많은 사람들의 이목이 집중되는 건 당연한 일이다.

헬리오시티 입주 영향에 대해서는 부동산 카페마다 갑론을박이 많았다. 일단 전세가는 조정을 겪을 것으로 보고 있다. 그 여파는 송파구뿐 아니라 강동구와 위례신도시까지 미칠 수 있다. 그리고 매매 시세에도 점차 부정적인 영향을 미칠 것이다. 정량적으로는 공급이 늘어난 셈이므로 주택의 가치 측면에서 하방 압력이 가해질 가능성은 더 크다. 전세가의 하락 역시 갭투자를 불가능하게 만들어 투자 수요의 유입을 줄어들게 할 것이다. 정성적으로도 15억 원 내외의 고가 주택이 9,510세대(임대를 제외하면 8,109세대) 생기는 셈이므로 동일한 가격대를 매수할 수 있는 수요층에게는 선택지가 확대되는 효과가 발생한다.

따라서 헬리오시티라는 거대 신축이 주변 주택 수요를 빨아들일 가능성이 크며, 다른 아파트로 가려는 수요층이 헬리오시티로 갈 경우 기축에 악영향은 불가피할 것으로 보인다.

헬리오시티의 자체 경쟁력을 보자. 먼저 잠실역 접근성이 대단히 좋고(잠실역까지 8호선 두 정거장), 9호선 개통을 앞두고 있으며 KTX 수서역사도 쉽게 이용 가능하다. 가락시장 현대화 사업도 인접한 헬리오시티에 호재로 평가받을 수 있다. 게다가 주변에 업무지구가 속속 조성되면서 직주근접 측면에서도 추가적인 입지 강화가 기대된다. 도보권은 아니지만 북쪽에 롯데월드타워, 서북쪽에 GBC, 남쪽에 문정 법조타운 및 미래형 업무단지 등이 조성되어 헬리오시티에 끊임없이 주택 수요를 제공할 전망이다.

또한 압도적인 규모의 대단지인 만큼 커뮤니티 역시 대단위 시설을 자랑한다. 특히 눈에 띄는 것은 어린이집 7개, 도서관 6개, 수영장에 설치될 25m 6레인이다. 대단지답게 초등학교 2개와 중학교 1개가 위치하고 있어 안심하고 아이들을 통학시킬 수 있다. 거기에 단지 정중앙을 중앙공원이 1km의 길이로 관통한다.

헬리오시티는 2022년 미성·크로바가 입주할 때까지 송파구에서 가장 신축 역세권 대단지로서 희소가치를 충분히 누릴 것이다. 이제 헬리오시티 입주가 얼마 남지 않았다. 헬리오시티의 입주 여파는 2022년 둔촌주공 입주 여파를 사전 학습할 수 있는 측면에서 눈여겨 볼 가치가 있다.

동남권 옐로칩

각 권역별 '옐로칩' 아파트에 대해 설명하겠다. 직주근접 역세권, 대단지, 연식 기준을 모두 충족하지는 못해 1차 추천 단지(37곳)에 들지 못한 단지들 중에서도 입지의 변화를 초래할 새로운 호재가 있는 단지들을 별도로 선별하여 각 권역별로 소개하고자 한다. 지금부터 나오는 단지는 동남권 옐로칩이다.

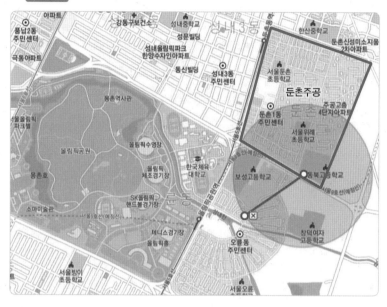

둔촌주공 기본 정보

단위: 만 원

단 지	기존 평형	신축 평형	시 세	추가분담금	총 액
둔촌주공	16평	34평	130,000 ▲	+5,000	135,000 ▲

출처: KB부동산, 2018년 8월 24일 기준

둔촌주공은 동남권 옐로칩 아파트 첫 단지로 소개하기에 손색이 없다. 그만큼 장점이 많은 둔촌주공이 블루칩 아파트로 선정되지 않은 이유는 주요 업무지구에 대한 접근성이 다소 떨어지기 때문이다. 그러나 2018년 10월 9호선 개통으로 강남 업무지구 접근성이 상당히 개선될 것으로 보이기 때문에 옐로칩 아파트 단지로 소개한다.

우선 둔촌주공은 현재 5,930세대에서 재건축 후 12,032세대로 거듭나게 된다. 이는 대한민국 최대 규모 단지 탄생의 의미를 갖는다. 기존 5호선 역세권에서 9호선까지 개통되어 더블 역세권 입지를 앞두고 있는 둔촌주공은 압도적인 규모의 경제 효과를 톡톡히 누리게 될 것이다. 커뮤니티동만 50개에 이르며 특히 7층 문화센터, 단지 내 롯데마트와 영화관 건축 추진, 5, 9호선 역과 지하 연결 등 실거주 가치를 끌어올리는 요소뿐 아니라 단지 내에 위례초, 둔촌초, 동북중, 동북고 등 기존 4개 학교 외에 보성여중, 보성여고 등 2개 학교 추가 유치를 추진 중에 있다. 이것이 성사될 경우 9호선 개통과 맞먹는 효과를 얻게 될 것으로 보인다.

이러한 호재들 외에 또 하나의 잠재적 호재가 있다. 바로 국내 최대 신축이 될 둔촌주공이 2022년 입주 이후 상당한 기간의 신축 효과를 누릴 단지라는 사실이다. 2022~2023년에 걸쳐 둔촌주공과 반포주공1단지, 개포주공1단지의 입주가 마무리되면 현재 재건축 규제 강화로 인해 수년간 동남권 신축 공급이 단절될 가능성이 있다. 9호선 개통, 2개 학교 추가 유치에 이어 둔촌주공의 미래 가치가 더욱 돋보이는 이유다.

2018년 7월 말 기준으로 34평 신축 배정에 필요한 비용은 13억 중반 수준으로 확인된다. 입주를 반년 앞두고 있는 송파 헬리오시티 34평 평균 시세가 15억 원대 수준인 것과 비교해보면 상대적으로 적정한 시세로 판단된다. 둔촌주공은 양재대로 라인인 헬리오시티와 연동되어 시세가 움직일 것으로 예상되는 바, 헬리오시티의 시세 추이를 눈여겨보는 것도 재미있는 관전 포인트가 될 것이다.

방배롯데캐슬아르떼

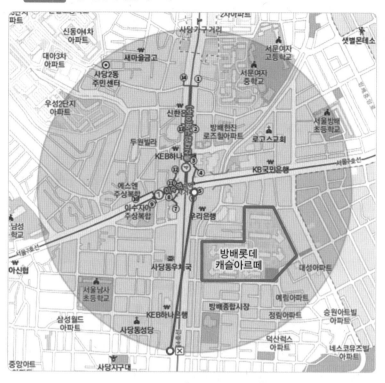

방배롯데캐슬아르떼 기본 정보

단위: 만 원

단 지	세대수	입주연월	매매 시세	전세 시세	비 고
방배롯데 캐슬아르떼	744	2013. 11	125,500	78,500	24평 기준

출처: KB부동산, 2018년 8월 24일 기준

방배롯데캐슬아르떼는 더블 역세권인 데다 2013년 입주로 신축에 속해 조건이 좋은 단지이나, 아쉽게도 1,000세대 이상 대단지 기준을 충족하지 못해 블루칩 아파트에 들어가지 못했다. 그러나 군이 방배롯데캐슬아르떼를 옐로칩 단지로 선정한 이유는 가시화된 호재가 있기 때문이다.

가시화된 호재란, 2019년 2월 개통이 예정되어 있는 서리풀터널이다. 서리풀터널이 개통되면 사당동, 방배동에서 강남 업무지구로의 승용차 접근성이 비약적으로 개선된다. 이 책에서는 주요 업무지구로의 지하철 접근성 위주로 추천 단지를 선정하고 있으나, 입지를 볼 때 승용차 접근성도 무시할 수 없는 요소다. 따라서 서리풀터널 개통은 현재 주변에 거의 유일한 신축 단지 방배롯데캐슬아르떼의 입지 강화에 큰 도움이 될 것이다. 여기에 인근 방배6구역, 13구역, 14구역 순차적 이주 시 세입자 이주 수요로 인한 전세가 상승 가능성이 크다는 점도 강점이다.

옐로칩 봇들9단지, 아름마을5단지, 이매촌청구

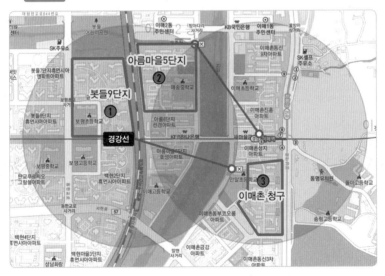

분당 옐로칩 기본 정보

단위: 만 원

단 지	세대수	입주연월	매매 시세	전세 시세	비 고
봇들9단지	850	2009. 07	140,000	77,500	38평 기준
아름마을5단지	876	1993. 08	82,500	47,500	29평 기준
이매촌청구	710	1992. 08	85,000	50,500	33평 기준

출처: KB부동산, 2018년 8월 24일 기준

　　분당구 삼평동의 봇들9단지와 이매동의 아름마을5단지, 이매촌 청구아파트를 옐로칩으로 거론한 이유도 블루칩 단지로 거듭날 수 있는 잠재적 호재들이 있기 때문이다.

　　가장 큰 호재라면 GTX A노선의 성남역 신설 소식이다. 성남역 신설 시 봇들9단지는 초역세권으로 탈바꿈하게 된다. 특히 서쪽에 신분당선(판교역), 동쪽에 분당선(이매역), 단지 바로 앞에 GTX A(성남역)라는 트리플 역세권이 되는 셈인데 세 노선 모두 강남으로 이어지기 때문에 강남 접근성이 추가적으로 강화되는 효과도 누린다. 특히 앞서 삼성역이 강남의 새로운 중심이 될 것이라고 언급한 바 있는데, GTX A로 인해 삼성역 접근성마저 강화됨으로써 봇들9단지의 가치는 대단히 높아질 것이다.

　　이매동의 아름마을5단지와 이매촌청구도 GTX A 성남역 신설의 호재를 품은 단지다. 지금까지는 분당-수서간 고속화도로로 인해 판교로 도보 이동이 불가했는데 고속화도로 덮개공원(굿모닝파크) 공사가 완료되면 판교로 도보 이동이 편리해져 성남·판교역까지도 접

근이 쉬워진다. 특히 기존 탄천수변공원과 8만 3,000㎡ 규모의 굿모
닝파크까지 완공되면 더욱 쾌적한 실거주 가치를 누리게 될 전망이
다. 굿모닝파크 주변 수혜단지 중에서 아름마을5단지와 이매촌청구
가 가장 세대수가 많아서 옐로칩으로 분류했다. 게다가 이매촌청구
는 33평 기준 대지지분이 16.4평으로 재건축 연한이 다가올수록 주
목 받을 가능성도 커 보인다.

　이들 단지 모두 제2, 3판교테크노밸리의 간접적 수혜를 받는다는
점도 공통 호재다.

옐로칩 느티마을 공무원3·4단지

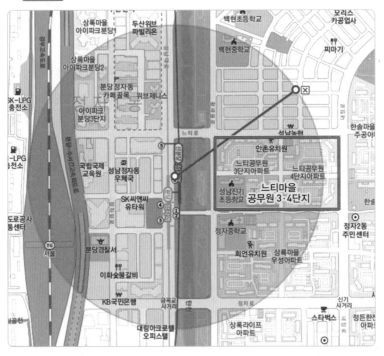

느티마을 공무원3·4단지 기본 정보

단위: 만 원

단 지	세대수	입주연월	매매 시세	전세 시세	비 고
느티마을 공무원3·4단지	1,776	1994. 12	81,000	30,500	3단지 27평 기준

출처: KB부동산, 2018년 8월 24일 기준

　　동남권 옐로칩 마지막 단지로 소개할 곳은 느티마을 공무원3·4단지다. 느티마을 공무원3·4단지는 2018년 7월 포스코건설을 리모델링 시공사로 선정하고 2,031세대로 탈바꿈하여 2021년 입주를 목표로 하고 있다. 일단 단지 규모도 훌륭하지만 입지 자체가 워낙 좋다. 초품아인 데다 중학교와 고등학교도 매우 근접한 곳에 위치해 있다. 게다가 신분당선, 분당선(정자역) 초역세권이다. 최근 GTX A 성남역 신설 예정 및 경강선 개통으로 가치가 급등한 이매동 단지들보다 저평가된 시세가 눈길을 끈다.

　　추가분담금은 27평에서 35평 신축으로 가는데 2억 원 가량이 소요될 것으로 예상된다. 매매 시세와 더해도 10억 원 남짓한 금액으로 분당 리모델링 신축 35평을 얻을 수 있다는 것은 메리트가 있다고 판단된다. 게다가 판교역과 한 정거장 떨어져 있는 정자역 역세권 신축 아파트다. 정자역 역세권도 아닌 입주 14년차 주상복합인 파크뷰 33평이 2018년 5월 5층 실거래가가 11억 6,000만 원이었다는 사실은 느티마을 공무원3·4단지의 투자 매력도를 더 느끼게 해준다.

　　리모델링에 대한 세간의 인식이 어떤지가 관건이나 신축으로 모습이 드러나면 시장의 정당한 평가를 받을 수 있을 것으로 기대된다.

리모델링은 재건축에 비해 과정이 훨씬 간소화되어 있으므로 빠른 진척이 기대된다. 따라서 느티마을 공무원3·4단지가 분당의 신축 랜드마크로 등장할 날이 멀지 않을 것으로 보인다.

CHAPTER 6

서남권

강서구, 관악구, 구로구, 금천구, 동작구, 양천구, 영등포구, 광명시

서남권은 동북권과 더불어 인구가 300만 명이 넘는 거대 권역이다. 주거지역과 교육이 발달된 양천구, 업무지구가 밀집된 강서·영등포·구로·금천구, 교육연구 위주의 동작·관악구 등 규모가 큰 권역인 만큼 지역별 특색도 다양하다.

당초 서남권은 교통 개선 전망이 불투명했으나 국토교통부가 가급적 2018년 11월까지 포스코건설 컨소시엄과 실시협약을 체결하겠다고 밝힘에 따라 이르면 2019년 상반기 신안산선 착공이 가시화될 전망이다. 따라서 신안산선 착공 및 재건축이라는 양대 호재를 지닌 광명시를 서남권 추천 단지 대상에 추가했다.

산업 측면에서도 원래 서울시 준공업지역의 82%가 서남권에 집적되어 있었으나 마곡과 가산·대림 중심의 신성장산업으로 빠르게 구조 개편 중이다. 서남권도 앞서 언급한 주요 업무지구 역세권, 대형, 신축(또는 신축이 가시화되는) 단지들로 블루칩 단지를 선정했으나, 일자리, 교통, 재건축 측면에서 옐로칩 단지를 추가 선정했다.

블루칩 구로주공

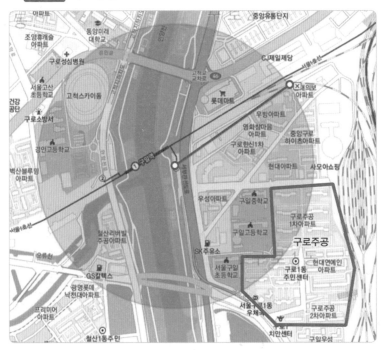

구로주공 기본 정보

단위: 만 원

단 지	세대수	입주연월	매매 시세	전세 시세	비 고
구로주공	2,126	1986. 06	62,000	28,000	1단지 33평 기준

출처: KB부동산, 2018년 8월 24일 기준

구로주공은 2018년 6월 안전진단을 막차로 통과함으로써 재건축이 가시화되기 시작한 단지다. 33평 대지지분이 20.3평에 달해 재건축 사업성도 우수할 것으로 판단된다. 재건축 시 동일한 신축 평형을 별도의 추가분담금 없이 받을 수 있는 수준이다. 단지 규모도 큰 만큼 규모의 경제도 기대된다. 게다가 출근시간대 하차 인원이 가장 많은 가산디지털역과 가까운 구일역 역세권이고 초중고도 단지와 붙어 있어 훌륭한 입지를 갖추고 있다.

그러나 구로주공이 지금까지 저평가받을 수밖에 없었던 배경에는 주변이 꽉 막혀 '서울 속 섬'이라는 불명예스러운 별칭이 있었다. 그런데 구로구민의 숙원사업이던 구로차량기지 이전과 서부간선도로 지하화가 가시화되고 있다. 이미 서울시는 구로구와 구로차량기지 이전에 관한 실무협의체를 구성했다. 또한 25만 3,224㎡에 이르는 부지에 상업·업무 시설과 녹지공간이 어우러진 복합시설이 들어설 예정으로 여기에서 얻은 개발이익을 구로차량기지 이전비용에 충당할 방침이다. 또한 서부간선도로 지하화사업은 이미 2016년에 착공되어 2021년 개통을 목표로 속도를 내고 있다.

이러한 사업들이 완료되고 재건축이 차근차근 단계를 밟게 되면 구로주공은 지금보다 비약적인 가치 증대를 누리게 될 것이다.

블루칩 금천 롯데캐슬골드파크1차

금천 롯데캐슬골드파크1차는 금천구에서 손꼽히는 신축 대단지다. 그런 점에서 희소성이 있다. 또한 금천구청역 역세권으로 가산디지털단지 접근성도 좋다. 다만 주변 환경이 아직 정비되지 않았고

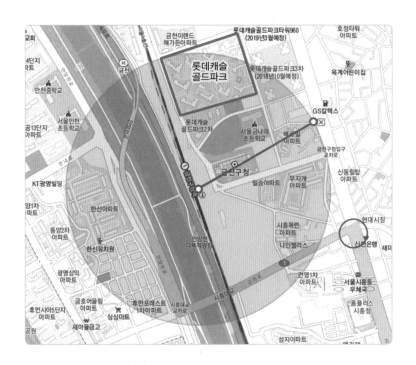

롯데캐슬골드파크 기본 정보

단위: 만 원

단 지	세대수	입주연월	매매 시세	전세 시세	비 고
롯데캐슬	1,743	2016. 12	73,500	49,500	35평 기준

출처: KB부동산, 2018년 8월 24일 기준

중·고등학교가 멀다는 단점이 아쉽다.

그러나 금천 롯데캐슬에는 큰 호재가 남아있는데 바로 신안산선의 진전이다. 2019년 상반기 신안산선 착공이 시작되면 신설 시흥사거리역(지도상 오른쪽 작은 원)과도 가까운 금천 롯데캐슬은 가산디지털단지뿐 아니라 여의도 업무지구 접근성도 획기적으로 개선되어 중장

기적 가치 증대를 기대해볼 만하다. 신축의 희소성을 감안해도 금천
롯데캐슬의 가치는 올라갈 가능성이 크다.

블루칩 아크로타워스퀘어

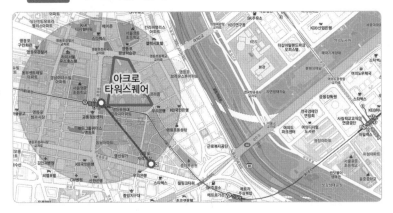

아크로타워스퀘어 기본 정보

단위: 만 원

단 지	세대수	입주연월	매매 시세	전세 시세	비 고
아크로 타워스퀘어	1,221	2017. 09	85,500	57,500	24평 기준

출처: KB부동산, 2018년 8월 24일 기준

우선 아크로타워스퀘어에 대한 오해 한 가지를 불식시키고자 한다.
많은 사람들이 아크로타워스퀘어의 이름을 보고 주상복합이라고 생각
을 하는 경우가 많은데 실제는 주상복합이 아니라 아파트 단지다.

이 단지도 금천 롯데캐슬골드파크1차와 마찬가지로 주변 환경이
다소 낙후된 것이 단점이다. 게다가 초등학교는 길 건너편에 위치해
있고 중고등학교도 멀기 때문에 학령기 자녀를 키우기에는 부적합

하다.

그러나 그 외의 장점들이 단점을 상쇄하고도 남는다. 우선 5호선 초역세권(영등포시장역)인 데다 1호선, 2호선, 9호선의 중간 지대에 위치하고 있는 아크로타워스퀘어는 주변에 타임스퀘어, 신세계백화점도 있어 쇼핑하기 편한 장점도 있다. 하지만 무엇보다 강력한 메리트는 '여의도 접근성이 뛰어난 신축 대단지'라는 점이다. 특히 준공한지 40년이 넘은 광장 아파트 일부 동이 강화된 안전진단 기준을 통과하지 못하는 등 여의도 기축 단지들의 재건축이 지연될 가능성이 있어 신축 프리미엄은 더욱더 상승할 여지가 있다. 정상적인 진척도를 보인다고 해도 향후 5년 내 여의도 신축 단지가 입주할 가능성은 희박하다.

이 때문에 아크로타워스퀘어는 여의도 고소득 직장인들에게 충분히 매력을 어필할 수 있는 신축 단지다. 낙후된 주변 환경이 단점이라고 지적한 바 있으나, 영등포 도시재생사업이 탄력을 받을 경우 아크로타워스퀘어의 가치는 더욱 올라갈 것이다. 매수 희망자들은 이점도 감안해 지켜봐야 한다.

블루칩 철산주공8단지, 철산주공9단지, 철산푸르지오하늘채

마지막 서남권 블루칩 단지에는 광명시에 소재한 단지 3곳을 꼽아보았다. 광명시는 과천시와 더불어 02 전화번호를 쓰는 사실상의 서울권 도시라고 할 수 있다. 광명시는 KTX 광명역세권 개발로 각광을 받기 시작하다가 이케아, 롯데프리미엄아울렛 등 다양한 편의시설까지 갖춰지면서 가치가 점점 상승하고 있다. 그중에서도 철산주

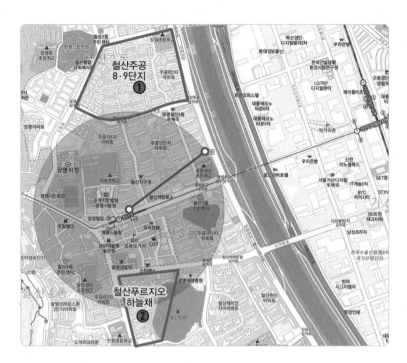

철산 블루칩 기본 정보

단위: 만 원

단 지	세대수	입주연월	매매 시세	전세 시세	비 고
철산주공8단지	1,484	1985. 09	62,000	7,000	14평 기준
철산주공9단지	580	1985. 09	65,750	7,500	15평 기준
철산푸르지오하늘채	1,264	2010. 02	75,000	53,667	34평 기준

출처: KB부동산, 2018년 8월 24일 기준

공8·9단지 및 철산푸르지오하늘채를 블루칩 단지로 꼽은 이유는 다음과 같다.

우선 철산주공8·9단지는 사업시행인가를 앞두고 있다. 2,064세대 단지가 재건축 후 3,828세대 대단지로 거듭나게 된다. 특히 함께 사업시행인가를 앞두고 있는 10·11단지(재건축 완료 시 1,490세대)와 합쳐 5,000세대가 넘는 자이 타운을 구성하게 된다. 즉, 광명의 새로운 랜드마크가 될 단지다. 사업시행인가 이후 과정이 순조롭게 진행된다면 2019년 상반기 이주, 2022년 입주가 가능하다.

철산주공8·9단지는 저층 재건축 단지답게 대지지분이 워낙 풍부하다. 8단지는 14평에서 25평 신축으로 받을 경우 약 1,000만 원의 환급금을 받아 6억 정도의 비용이 소요되며 9단지는 15평에서 25평 신축으로 받을 경우 약 3,000만 원의 환급금을 받아 6억 2,000만 원 정도의 비용이 소요된다(2018년 8월 24일 기준). 6억 원이 약간 넘는 비용으로 안양천을 사이에 두고 가산디지털단지역과 불과 한 정거장 떨어진 철산역 역세권 신축 25평을 얻을 수 있다는 건 상당히 매력적이다. 철산동에서 대장주라고 불릴 수 있는 단지가 철산래미안자이인데 입주 9년차 아파트의 25평 시세가 2018년 8월 24일 기준으로 6억 1,000만 원인 것을 감안해도 철산주공8·9단지의 가격은 매력적이다.

철산푸르지오하늘채는 철산래미안자이와 더불어 기축 아파트 중에 대장주 위치에 있다. 철산역 역세권이기도 하지만 자차로 철산대교만 건너도 G밸리까지 금방 갈 수 있는 입지가 돋보인다. 단지보다 큰 철산공원을 끼고 있어서 쾌적한 환경도 장점이다. 거기에 안현초, 철산중을 배정받는 곳이라 광명에서 학군이 가장 좋은 곳이어서 자녀들 키우기에도 안성맞춤이다. 광명이 발전을 거듭하는 데다 신안산선 개통 시 여의도 접근성도 개선되기 때문에 광명시 요지에 있는 단지들은 향후에도 가치 상승이 기대된다.

서남권 옐로칩

서남권에서 직주근접 역세권, 대단지, 연식 기준을 모두 충족한 단지는 6곳이었다. 이외에도 새로운 호재로 블루칩 아파트 단지 수준이 될 수 있는 옐로칩 단지들을 소개하고자 한다.

옐로칩 마곡엠밸리6단지, 마곡엠밸리7단지

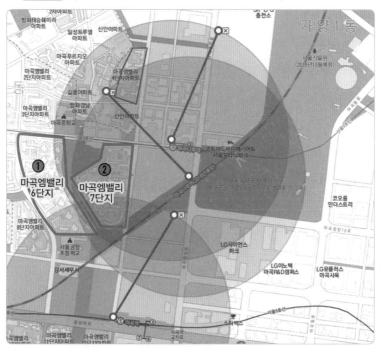

마곡 옐로칩 기본 정보

단위: 만 원

단 지	세대수	입주연월	매매 시세	전세 시세	비 고
마곡엠밸리6단지	1,466	2014. 06	96,500	51,000	34평 기준
마곡엠밸리7단지	1,004	2014. 06	95,000	49,000	34평 기준

출처: KB부동산, 2018년 8월 24일 기준

블루칩 아파트 단지의 첫 번째 조건은 수도권에서 출근시간대 하차 인원이 많은 상위 20개 역과 이에 접근성이 높은 74개 역의 반경 500m 내 인접 단지였다. 따라서 주요 업무지구 인근 역이 해당되었다. 기존의 업무지구인 CBD(강남권), GBD(도심권), YBD(여의도권) 외에 추가적으로 조성 중인 업무지구라 하면 서남권의 마곡지구, 서북권의 상암DMC지구를 들 수 있다. 즉, 마곡지구가 주요 업무지구로 자리매김할 경우 블루칩 아파트 단지의 조건을 충족하게 될 가능성이 큰 셈이다. 거기에 두 번째 조건인 1,000세대 이상 대단지, 세 번째 조건인 신축까지 충족하는 아파트가 마곡엠밸리6·7단지다.

특히 마곡엠밸리6·7단지의 강점은 다음과 같다. 첫째, 마곡지구의 중심이라 할 수 있는 LG사이언스파크와 도보로 이동 가능한 단지 중 유일하게 1,000세대 이상이다. 둘째, 기존 5, 9호선 더블 역세권에 이어 2018년 9월 공항철도 마곡나루역 개통으로 트리플 역세권이 되었다. 셋째, 이를 통해 주요 업무지구로 부상할 디지털미디어시티역 및 서울역까지 접근성이 개선되면서 서남권의 새로운 중심지로 부상할 수 있다.

게다가 마곡지구의 강점은 근무인원이 16만 5,000명(서울시 추산)에 달할 전망인 데 비해 주거단지가 1만 1,353세대에 불과해 풍부한 주거수요를 확보하고 있다는 점이다. 그 안에서도 핵심 입지에 위치한 엠밸리6·7단지의 가치는 우상향의 길을 걸을 수밖에 없다.

앞 페이지 지도 상단에 네모로 표시한 곳은 마곡엠밸리4단지다. 마곡엠밸리4단지는 420세대에 불과한 소단지로, 블루칩 기준인 대단지에 해당되지 않는다. 그러나 4단지의 입지를 강화시켜줄 호재가

6·7단지 못지않아 간략하게 소개하고 넘어가겠다.

2018년 9월 공항철도 마곡나루역 개통은 4단지에도 큰 호재다. 4단지는 6단지와 더불어 공항철도 마곡나루역과 가장 가까운 곳이다. 게다가 여의도공원 2배 수준의 규모로 2018년 10월 개장이 예정된 서울식물원도 삭지 않은 호재다. 이미 입주를 완료한 롯데중앙연구소에 이어 입주를 앞둔 넥센타이어연구소도 4단지와 가까운 거리에 위치하고 있다. 교통망, 직주근접, 환경 개선의 3마리 토끼를 잡을 수 있는 곳이 4단지인 셈이다. 초등학교와 멀고 420세대라는 규모가 약점이긴 하나, 이를 뛰어넘는 호재들이 많기에 주목할 필요가 있다.

옐로칩 구로 강남

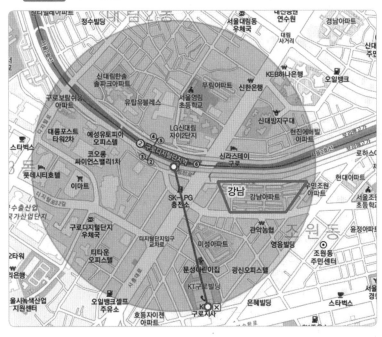

구로 강남 기본 정보

단위: 만 원

단 지	세대수	입주연월	매매 시세	전세 시세	비 고
강남	876	1974. 04	28,250	–	15평 기준

출처: KB부동산, 2018년 8월 24일 기준

구로디지털단지역에 있는 강남아파트를 본 적 있는가. 언제 무너질지 모를 정도로 무척이나 낡았다는 것이 대부분의 첫인상이었을 것이다. 무려 1995년에 조합이 설립되었고 안전진단도 2001년에 통과했으나 재건축 진행이 매우 더뎠고 2017년에야 현대엔지니어링을 시공사로 선정하고 2018년에 관리처분인가를 득한 단지다. 수많은 우여곡절 끝에 재건축 9부 능선을 넘었다.

강남아파트를 옐로칩으로 선정한 이유는 2022년 입주 예정인 신축이며 완공 후 1,143세대로 대단지인 데다 출근시간대 하차 인원이 많은 구로디지털단지역 초역세권이기 때문이다. 게다가 신안산선 개통 시 더블 역세권으로 거듭나게 되는 메리트도 있다.

15평에서 신축 25평을 얻기까지 소요 비용은 5억 5,000만 원~6억 원 사이가 될 것으로 추정된다. 500m 가량 떨어진 곳에 위치하는 신림푸르지오1차(2005년 입주) 25평 시세가 2018년 8월 24일 기준 5억 5,000만 원임을 감안하면 초역세권 신축 강남아파트가 저평가된 상황이라고 판단할 수 있다.

여의도 삼부

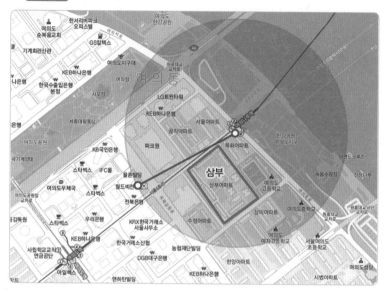

여의도 삼부 기본 정보

단위: 만 원

단 지	세대수	입주연월	매매 시세	전세 시세	비 고
삼부	866	1975. 12	146,500	48,500	28평 기준

출처: KB부동산, 2018년 8월 24일 기준

박원순 시장의 여의도 통합개발계획 발언과 한 달여만의 보류 발언으로 여의도 집값은 냉·온탕을 오갔다. 그러나 서울 3대 도심 중 하나인 여의도에 대한 관심을 거둘 수는 없다. 여의도의 수많은 아파트가 재건축을 추진 중이기는 하나 그 안에서도 가장 관심을 둬야 할 단지는 '삼부'다. 광장이 안전진단에서 재건축 불가 판정을 받음에 따라 미성, 은하 등 비슷한 시기에 준공되어 아직 안전진단을 통과하지 못한 단지들도 탈락 가능성이 커졌는데 삼부는 이미 안전진단을 통과한 것이 장점이다.

게다가 삼부는 여의도 아파트 단지 중에 최고 수준의 입지를 자랑하고 있다. 한강뷰를 자랑하는 데다 여의도 초중고(여고 포함)가 바로 앞에 있고 기존 IFC몰 접근성뿐 아니라 단지 바로 옆에 2조 6,000억 원이 투입되는 파크원 공사가 한창이다. 여의도 파크원은 지상 5층, 56층 오피스타워 2동과 백화점, 호텔로 구성된 총면적 63만 177㎡ (63빌딩 면적의 4.5배)의 대규모 복합쇼핑 문화공간으로 완공 후 서울의 또 하나의 랜드마크가 될 것이다.

거기에 여의도의 강점이 또 하나 있는데, 여의도는 복합시설에 한해 50층까지 건설할 수 있다. 게다가 3종 일반주거지역도 상업지역으로 용도변경할 경우 50층 이상 초고층 건물로 재건축할 수 있게 허용할 가능성이 있다. 박원순 시장의 여의도 마스터플랜에서 검토되는 사항이다. 50층 이상 건축이 허용될 경우, 여의도 재건축 단지의 가치는 더욱 솟아오를 전망이다.

이렇게 미래 가치가 점증되는 여의도 아파트 단지들이나 삼부의 강점은 또 하나가 더 있다. 바로 광장, 시범 다음으로 대지지분이 높다는 점이다. 이는 앞서 이야기한 강점과 복합적으로 작용하여 삼부의 재건축 사업성을 더욱 높이게 될 것으로 보인다.

삼부 평형별 대지지분

삼부	27평	28평	38평	40평	50평	60평
대지지분	15.12평	16.41평	21.69평	22.27평	25.81평	31.02평

동탄 입주 물량은
서울에 어떤 영향을 미칠까?

　　최근 들어 가장 입주 물량이 많은 곳은 동탄 신도시다. 이미 2008년 경 조성이 완료된 동탄 1기는 4만여 세대, 동탄 2기는 12만여 세대다. 2기만으로도 분당(판교 포함) 12만여 세대와 별 차이 없는 막대한 규모다. 거대한 물량의 입주가 진행 중인 관계로 해당 지역의 전세값이 약세를 기록하고 있는 것은 자연스러운 수순이다.

　　이 지점에서 가장 의견이 엇갈리는 것이 바로 '동탄의 거대한 입주 물량이 서울에 영향을 미치느냐 안 미치느냐'다. 지금까지 대부분의 여론은 '서울은 동탄 입주 물량의 영향을 받지 않는다'는 쪽에 치중되어 있었다. 동탄 2기의 입주가 2015년부터 시작되었고 2018년 하반기까지 입주 물량이 상당한데 그 기간 동안 서울 아파트의 상승세는 약해지기는커녕 더 강해졌기 때문이다. 그러나 그것은 매매 시세로 한정해서 본 결과다. 전세 시세는 어땠을까.

1차적으로는 서울의 전세가 상승률이 점차 떨어지고 있다. 특히 홀수해마다 크게 상승했던 서울 아파트 전세가가 2017년에 별다른 상승률을 기록하지 못한 사실로 보아 서울 아파트 공급 부족이 해소되는 것으로 보인다는 사실도 언급했다. 서울의 2017년 주택 공급이 크지 않았음을 감안한다면 2017년에 전세가가 별로 오르지 않은 이유를 주변의 공급 확대 외에는 찾기 어려운 게 사실이다. 즉, 전세 시장에서만큼은 서울과 수도권이 디커플링되었다고 볼 수 없다.

좀 더 구체적으로 들여다보자.

내가 착안한 것은 동탄이 소재한 화성시와 수원시, 용인시, 성남시 그리고 서울의 전세가 추이다. 위에 언급한 지역들은 입주 폭탄의 근원지인 화성시를 기점으로 경부고속도로를 타고 올라가면서 접하게 되는 지역을 순서대로 나열한 것이다. 즉 거대한 입주 물량에 따라 화성시에서 시작된 전세가 약세가 경부고속도로를 타고 올라가면서 각 지역에 연쇄적으로 얼마나 영향을 미쳤는지 알아본 것이다.

실제 지표로 확인된 결과는 놀라웠다.

2015년 12월 각 지역의 전세 시세를 100으로 전제하고 2018년 6월까지 분기별 전세 시세 추이를 나타낸 그래프를 보자. 각 지역의 전세가 고점을 한번 살펴보면 어떤 영향이 가해졌는지가 명확해진다.

입주 물량을 견디지 못한 화성시의 전세가는 2017년 1분기 고점

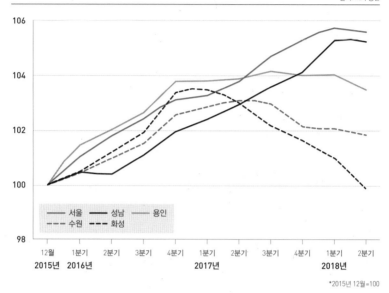

수도권 5개 도시 전세 시세 추이

출처: kB부동산

서울 성남 용인 수원 화성

12월 1분기 2분기 3분기 4분기 1분기 2분기 3분기 4분기 1분기 2분기
2015년 2016년 2017년 2018년

*2015년 12월=100

을 이루고 그 이후 하락세에 접어든다. 그리고 바로 북쪽으로 인접한 수원시에 영향을 미쳐 수원시의 전세가가 2017년 2분기에 고점을 이루고 역시 하락세에 접어든다. 그 다음은 어떤가. 그 다음으로 북쪽에 인접한 용인시가 2017년 3분기에 고점을 이루고 하락이 시작된다. 화성시 입주 확대가 연쇄적인 파장을 일으키면서 그 영향이 북상하고 있음을 지표로 확인할 수 있다. 그리고 서울과 전반적으로 굉장히 유사한 흐름을 보이고 있는 성남시가 2018년 1분기에 고점을 이루고 약세에 빠진 것이 확인된다. 서울 역시 마찬가지 흐름을 보이고

있다.

생각해보면 간단한 논리다. 화성시의 거대한 입주 물량이 서울에 직접적인 영향을 미치지 못한다 하더라도 그 인접 지역을 통해 점차 파장이 미칠 수 있다. 물론 지역이 멀어질수록 연쇄 파장의 힘이 점점 줄어들 수 있다. 매매 시세 기준으로 '서울의 상승세는 지속되지 않았는가'라는 반론이 있지만 이것은 전세 시세에 대한 내용이다. 따라서 서울의 주택 수급이 점차 해소되는 부분에 동탄의 입주 물량이 영향을 미쳤다는 이야기다.

바꿔 말하면, 동탄의 입주 물량이 없었다면 서울의 전세 시세는 지금보다 더 높은 수준에 다다랐을 것이며 매매 시세의 상승세도 더했을 것이라는 추론이 가능하다.

동탄의 2018년 입주 물량은 상반기 9,000여 세대에 비해 하반기 1만 3,000여 세대로 더욱 늘어난다. 이 영향은 점차 북상하면서 서울에 어느 정도 영향을 미칠 수 있다. 바로 위에서 언급한 시차를 감안한다면 1년 뒤인 2019년 하반기에 서울에 간접적 영향을 미치게 될 것으로 보인다. 그리고 2018년 12월 헬리오시티 입주를 시작으로 2019년 개포·고덕 등 동남권 중심 입주 확대라는 직접적 영향과 맞닥뜨리면서 서울 전세가 약세를 예고하고 있다. 2019년 매매 시세에는 또 하나의 악재로 작용할 것으로 보인다.

그리고 이러한 연쇄 파장이 좀 더 직접적으로 서울에 영향을 미칠 수 있는 계기가 되는 것이 바로 서울에 대한 접근성의 개선을 초래할 GTX A 신설이다. 동탄에서 삼성역까지 20분 내에 주파하게 될 GTX A가 완공될 경우 동탄의 거대한 입주 물량은 서울에 직접적인 영향을 미칠 수 있다. GTX A, B, C가 완공되면 서울 주택 시장 자체에는 일정한 하방 압력으로 작용할 수 있다.

CHAPTER 7

도심권

용산구, 종로구, 중구

도심권은 5대 권역 중 가장 적은 인구와 가장 작은 면적을 갖고 있으나, 무시하지 못할 입지적 장점도 갖고 있다. 인구 58만 명은 서울 전체 인구 대비 5% 수준에 불과하나, 사업체 종사자는 무려 16%를 차지하고 있다. 특히 도심권의 사업체 종사자 수가 83만여 명인데 비해 아파트 수는 7만여 채에 불과하여 주택 수급 측면에서 가장 공급이 부족한 권역이라고 할 수 있다. 종로구의 경희궁자이가 강북 대장주 아파트로 자리 잡고 있는 것도 이런 이유에서 비롯되었다고 할 수 있다. 도심권 내 다른 아파트 단지들도 이런 희소성을 갖고 있다고 봐야 하며, 따라서 블루칩 단지뿐 아니라 옐로칩 단지들도 눈여겨볼 것을 추천한다.

서울역센트럴자이

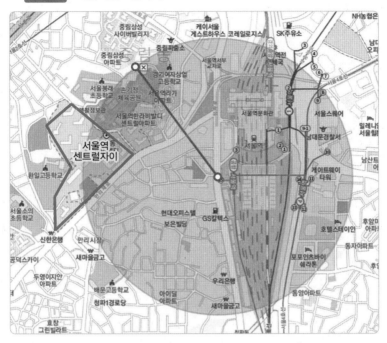

서울역센트럴자이 기본 정보

단위: 만 원

단 지	세대수	입주연월	매매 시세	전세 시세	비 고
서울역 센트럴자이	1,341	2017. 08	95,500	59,000	25평 기준

출처: KB부동산, 2018년 8월 24일 기준

　　서울역센트럴자이는 경희궁자이와 더불어 도심권에서 역세권 신축 대단지의 쌍두마차라고 할 수 있다. 앞서 도심권이 일자리에 비해 아파트가 부족하다는 이야기를 했다. 그중에서도 역세권 신축 대단지는 더더욱 희소성이 부각될 수밖에 없다. 이러한 점에서 서울역센트럴자이는 상승 가능성뿐 아니라 하방 경직성도 대단히 높은 단지라고 볼 수 있다. 서울역센트럴자이 입주 5개월 후에 입주가 시작된 서울역한라비발디센트럴은 불과 199세대에 불과해 서울역센트럴자이의 자리를 위협할 만한 단지가 되지 못한다. 단지 바로 옆에 봉래초등학교와 손기정체육공원이 있는 것도 큰 장점이다. 손기정체육공원은 어린이놀이터뿐 아니라 문화체육센터, 축구장, 테니스장, 배드민턴장 등을 갖추고 있어 인근 단지 주민들에게 좋은 휴식처를 제공해주고 있다.

게다가 서울역 개발계획은 인근에서 독보적인 위치를 차지하고 있는 서울역센트럴자이의 강점을 더욱 돋보이게 해줄 것이다. 현재

서울역 역세권 개발사업

출처: 코레일

도 1호선, 4호선, 공항철도, 경의선, KTX의 5개 노선 역세권인 서울역은 추가적으로 GTX A·B와 신안산선까지 연결될 예정이다. 정부의 목표대로 될 경우 GTX A·B와 신안산선은 2025년까지 개통이 완료될 예정인데 그때도 서울역센트럴자이는 입주 8년차에 불과하여 신축에 속한다. 따라서 교통망 개선이라는 추가 호재 효과를 충분히 누릴 곳으로 보인다. 여기에 신분당선 서북부 연장이 현실화될 경우 서울역은 3대 도심으로의 접근성이 더욱 좋아진다.

블루칩 경희궁자이

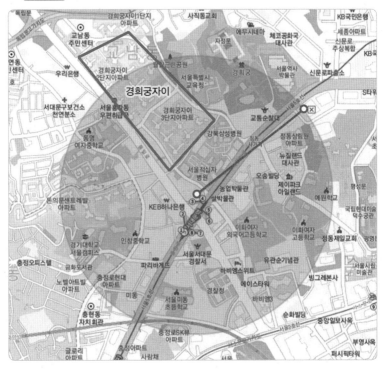

경희궁자이 기본 정보

단위: 만 원

단 지	세대수	입주연월	매매 시세	전세 시세	비 고
경희궁자이	1,919	2017. 02	108,500	75,000	2단지 25평 기준

출처: KB부동산, 2018년 8월 24일 기준
*1단지는 임대 아파트로 세대수에서 제외

경희궁자이는 일단 앞서 밝힌 대로 도심 역세권 신축 단지라는 장점만으로도 그 가치가 대단하다. 개인적으로 아파트 명칭을 가장 고급스럽게 지은 단지 중 하나라고 생각한다. 매력적인 이름의 경희궁자이는 이름 그대로 인근에 경희궁, 덕수궁, 경복궁 등 고궁뿐 아니라 강북삼성병원, 서대문독립공원, 이화여자외국어고 등 각종 생활 인프라가 갖춰져 있다. 3·5호선 더블 역세권인 데다 광화문 접근성이 대단히 뛰어나다. 강남역, 여의도 아파트 단지들과 함께 직주근접이라는 최근 트렌드에 가장 어울리는 아파트라고 할 만 하다.

그러나 무엇보다도 경희궁자이의 미래 가치가 돋보인다고 판단되는 점은 서울 4대문 내외에 위치한 아파트 중 가장 최신 연식의 대단지라는 것이다. 이후에도 해당 입지에 이런 단지가 나올 가능성이 낮다는 희소성이 경희궁자이의 미래를 밝게 보게 하는 요소다. 4대문 내외 유일한 최신 대단지라는 장점이 광화문 고소득 직장인을 유인할 만한 충분한 동기가 된다. 도심권 대장주로서 오래도록 그 위치를 유지하게 될 것이다. 물론 학군이 유일한 단점으로 거론되지만 서울 유수의 부유층이 거주하는 아파트 단지로 점차 거듭나고 있는 만큼 이 역시 점차 개선되리라 본다.

또 하나 눈여겨보는 것은 전세가다. 보통 대단지가 입주하게 되면 첫 2년간 전세가는 낮기 마련인데, 현재 경희궁자이 전세가는 잠실 엘스보다 더 높은 수준으로 확인된다(2018년 8월 24일 기준). 게다가 고액의 월세 거래 소식도 드문드문 들려오는 것을 보면 그만큼 이곳이 직주근접 실수요가 뛰어나다는 반증이 된다. 안 그래도 부족한 도심권 아파트에서도 대장주인 경희궁자이의 미래 가치는 의심할 바 없다.

블루칩 e편한세상옥수파크힐스
옐로칩 남산타운, 약수하이츠, 두산

다음 페이지 지도상의 ①은 블루칩 아파트 e편한세상옥수파크힐스다. ②, ③, ④는 옐로칩 아파트인 남산타운, 약수하이츠, 두산이다. e편한세상옥수파크힐스와 남산타운, 약수하이츠, 두산을 가른 이유는 연식 때문이다.

해당 아파트 단지들은 대부분 언덕이 있다는 단점이 존재한다. 그러나 언덕이라는 단점을 생각하기에 앞서, 언덕이 있음에도 불구하고 집값이 생각보다 비싸고 전세가율도 60% 내외로 준수한 이유가 뭔지를 생각해봐야 한다. 결국 출근시간대 하차 인원이 많은 종로3가, 충무로와 지하철 접근성뿐 아니라 강남과의 승용차 접근성도 뛰어나고 도심권 대단지라는 입지적 장점이 어필했다고 볼 수 있다.

e편한세상옥수파크힐스는 도심권에서 경희궁자이, 서울역센트럴자이에 이어 블루칩 아파트로 선정된 세 번째 단지다. 1,976세대로 규모도 적당히 크지만 3호선(금호역) 초역세권에 강남과 도심권 접근

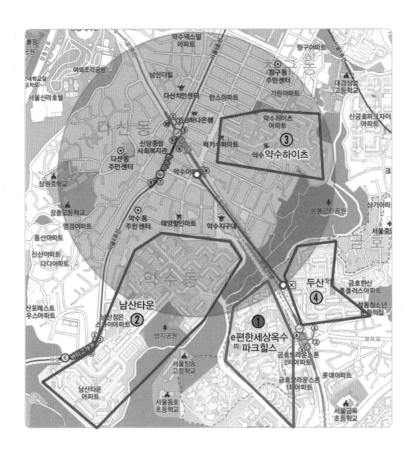

도심권 블루·옐로칩 기본 정보

단위: 만 원

단 지	세대수	입주연월	매매 시세	전세 시세	비 고
e편한세상 옥수파크힐스	1,976	2016. 11	102,500	* 65,000	24평 기준
남산타운	3,116	2002. 05	73,500	41,000	24평 기준
약수하이츠	2,282	1999. 07	61,500	38,000	24평 기준
두산	1,267	1994. 09	61,500	34,500	24평 기준

출처: KB부동산, 2018년 8월 24일 기준
*남산타운 임대아파트 2,036세대는 세대수에서 제외

성이 좋다는 점도 큰 장점이다. 특히 3호선뿐 아니라 승용차로도 곧바로 동호대교에 진입하여 강남에 넘어갈 수 있는 교통 편의성도 돋보인다. 풍부한 녹지가 주변에 널려있어 깨끗한 환경에, 신축치고는 드물게 용적률 208%로 쾌적함까지 자랑한다. 거기에 2018년 4월에 오픈한 커뮤니티가 매우 고급스럽게 잘 지어져 입주민들의 호평을 받고 있다. 가히 도심 속 리조트 같은 느낌을 주는 단지다. 중학교가 멀고 아직 우수한 학군이 형성되어 있지 않은 점은 아쉬우나 그 정도 단점마저 없다면 집값은 더욱 비쌌을 것이다.

2002년에 입주한 남산타운은 사실 옐로칩 단지로 선정하기에도 어려운 조건이 있었다. 바로 연식이다. 입주 16년차에 접어든 이 단지는 신축도 아니고 그렇다고 재건축을 바라보기에도 모호한 연식이 약점으로 작용했다. 그러나 군이 남산타운을 옐로칩 단지로 꼽은 이유는 바로 2018년 6월 서울시에서 최종 선정한 '서울형 리모델링 시범단지' 7곳 중 하나로 선정되었기 때문이다. 용적률이 231%이기 때문에 재건축 사업성이 나오기 힘들었던 남산타운으로서는 최선의 대안을 제공받은 셈이다. 리모델링 특성상 재건축보다 사업 속도가 빠를 수 있고 서울시의 사업 지원도 기대해볼 수 있어 이르면 10년 후 신축 입주를 기대하게 한다. 역세권 신축 대단지라는 조건을 충족하는 블루칩 단지가 될 잠재력을 갖추고 있다.

남산타운 리모델링은 기존 SH공사 임대아파트 7개 동을 제외한 3,116가구만 추진되는 데 18층 아파트 건물을 21층까지 증축하는 것이 목표다. 신축으로 거듭날 가능성을 품게 된 남산타운은 이름 그대로 남산과 인접해 있어 서울시 중심의 대표적인 '숲세권' 아파트로 통한다. 주위에 매봉산공원과 응봉공원이 있고 남산으로 통하는 산책로가 단지와 이어진다. 6호선 버티고개역을 끼고 있으며 3호선 약수역도 도보 거리에 있다.

남산타운에서도 특히 42평은 저평가되었다고 평가받는다. e편한세상옥수파크힐스 25평과 가격이 비슷한 데다 도심 40평대라는 희소성이 주목받을 만하다. 향후 리모델링이 현실화될 경우 자산 가치가 크게 증대될 평형으로 판단된다.

약수하이츠와 두산도 도심권에 속한 역세권 대단지인 만큼 우수한 입지라고 할 수 있다. 문제는 용적률이 각각 255%, 249%로 향후에도 재건축을 바라보기 힘들다는 점이다. 따라서 약수하이츠와 두산은 남산타운에 이어 리모델링 추진 여부가 투자를 결정할 중요한 열쇠다. 막연히 리모델링이 될 것이라고 판단하고 조기에 투자하기에는 위험이 큰 만큼 리모델링 추진 여부는 꼭 확인해야 한다. 그러나 일단 리모델링을 하게 된다면 도심권의 역세권 신축 대단지라는 희소 가치를 거머쥐게 될 것이다. 거기에 남산타운이라는 거대 단지의 리모델링 절차가 진행되어 이주에 돌입하게 된다면 약수하이츠와 두산의 전세가가 크게 올라서 갭투자하기에 용이한 환경이 조성될 수 있다. 이 점은 두 단지의 큰 강점이다.

도심권 옐로칩

도심권 옐로칩은 앞서 남산타운, 약수하이츠, 두산을 언급했으나 추가적으로 언급해야 할 단지가 하나 더 있다.

옐로칩 용산e편한세상

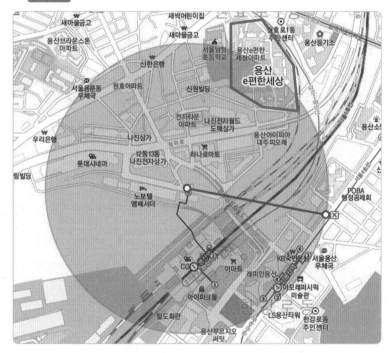

용산e편한세상 기본 정보

단위: 만 원

단 지	세대수	입주연월	매매 시세	전세 시세	비 고
용산 e편한세상	867	2011. 04	99,000	55,750	24평 기준

출처: KB부동산, 2018년 8월 24일 기준

용산의 주거단지는 대부분 주상복합으로 구성되어 있는데 용산e편한세상은 그 안에서도 몇 안 되는 아파트 단지 중 하나다. 미래 호재가 풍부한 용산에서 주거 시설로 각광받는 아파트 단지라는 희소성이 용산e편한세상을 옐로칩 단지에 포함시킨 가장 큰 이유다. 물론 인근에 용산롯데캐슬센터포레가 2019년 4월에 입주하지만 용산e편한세상이 용산역과 국제업무지구에 보다 가깝고 세대수도 2배 가까이 차이나 용산e편한세상의 가치가 떨어질 것으로 보이지 않는다. 게다가 용산국제업무지구 개발계획을 담을 것으로 보이는 용산마스터플랜 발표 시 용산e편한세상이 가장 큰 수혜를 볼 단지로 꼽힌다.

용산마스터플랜은 용산부터 서울역 일대까지 포함한 349만㎡ 부지를 복합 개발하는 용산 광역중심 미래 비전 및 실행 전략이다. 한남뉴타운 재개발, 용산민족공원 조성, 캠프킴·유엔사·삼각맨션 부지 개발 등을 포함하고 있으며 코엑스 면적의 5배에 달하는 대규모 상업·업무 단지가 들어서는 것이 주요 골자다. 상세한 내용은 서울시의 용산마스터플랜 발표 시 확인되겠지만 서울역~노량진역을 잇는 철도선의 지하화, 용산민족공원 조성은 반드시 들어갈 것으로 보인다. 어떤 형태로든 용산역 역세권 아파트 단지인 용산e편한세상에는 큰 호재가 될 것이다.

거기에 기본적으로 용산e편한세상의 입지 자체도 훌륭한 편이다. 용산역 역세권이기도 하지만 4호선(삼각지역)·6호선(효창공원앞역)·경의중앙선(효창공원앞역)과도 가깝다. 남정초등학교와도 가깝고 단지만한 크기의 공원도 붙어있다. 입지에 희소성, 미래 호재까지 어우러진 용산e편한세상은 블루칩 아파트 단지에 포함되어도 손색이 없다.

CHAPTER 8

동북권

강북구, 광진구, 노원구, 도봉구,
동대문구, 성동구, 중랑구

동북권은 서울 5대 권역 중 가장 넓은 면적과 가장 많은 인구를 보유하고 있다. 그러나 동북권은 주택 가치 측면에서 타 권역 대비 두 가지의 큰 단점이 있다.

앞서 도심권의 사업체 종사자 수가 83만여 명인데 반해 아파트 수는 7만여 채에 불과하여 도심권은 아파트 공급이 가장 부족한 권역이라고 소개한 바 있다. 그런데 동북권은 사업체 종사자 수가 90만여 명인데 반해 아파트 수는 53만여 채나 되어 아파트 공급이 가장 과잉 상태인 권역이다. 주택의 가치 역시 다른 재화와 마찬가지로 수요와 공급으로 결정된다고 볼 때, 동북권의 아파트 공급 과잉 상태는 투자 측면에서 큰 단점이다.

일자리 측면에서도 동북권의 사업체 수는 서울 전체에서 25% 비중을 갖고 있으나 종사자 수는 18% 비중을 갖고 있어 영세 사업체가 밀집되어 있다는 판단이 가능하다. 문제는 서울시의 일자리 창출 의지 역시 부족해 보인다는 점이다.

박원순 시장은 3선에 성공한 직후 여의도와 용산 일대를 획기적으로 재개발하는 구상을 밝힘으로써 마지막 임기의 우선순위에서도 동북권이 밀린다는 사실을 간접적으로 드러냈다. 게다가 한 달간 옥탑방 생활(강북구 삼양동)을 마친 후 가진 기자간담회에서 취임 이래 최대 재정을 투입하여 면목선과 우이신설 연장선, 목동선, 난곡선 등 도시철도 사업을 재개하고 빈집 활용 도시재생 프로젝트 및 소규모 정비를 활성화시키겠다고 언급했다. 그러나 구체적인 일자리 창출계획은 여전히 없어 결국 동북권의 자생력 확충 방안이 없는 것이 재차 드러났다.

따라서 동북권은 일자리 측면에서 당장 가시화될 자체적인 호재가 부족하다. 주요 업무지구와의 접근성이 개선되는 곳과 차별화된 호재를 중심으로 추천 단지를 좁혀가고자 한다.

블루칩 서울숲리버뷰자이

서울숲리버뷰자이는 동북권에서 블루칩 단지 기준을 충족하는 유일한 곳이다. 그만큼 매매 시세도 동북권에서 최고 수준을 자랑하며 입지적으로도 매우 우수하다. 서울숲리버뷰자이는 승용차로 응봉교를 지나 성수대교를 건너면 압구정으로 빠른 시간에 진입할 수 있다. 초중고도 가까운 곳에 있어 학령기에 접어든 자녀를 키우기에도 적

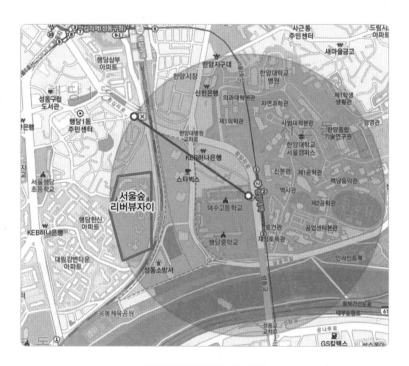

서울숲리버뷰자이 기본 정보

단위: 만 원

단 지	세대수	입주연월	매매 시세	전세 시세	비 고
서울숲 리버뷰자이	1,034	2018. 06	103,000	59,000	25평 기준

출처: KB부동산, 2018년 8월 24일 기준

합한 곳이다. 게다가 서울숲은 삼표 레미콘 공장 이전(2022년 6월까지)으로 수변 공원을 조성할 예정이다. 이런 서울숲에 금방 다다를 수 있다는 점, 한강과 중랑천 조망이 가능하다는 점도 서울숲리버뷰자이의 큰 장점이다. 미래 가치 측면에서는 쿼드러플 환승역(2호선, 5호선, 분당선, 경의중앙선)인 왕십리역에 2024년 동북선까지 개통되면 5개 노선의 환승역이 되면서 왕십리역과 600m 가량 떨어져 있는 서울숲리 버뷰에 호재가 될 전망이다. 단점은 경의중앙선 지상철이 단지 옆을 지나서 소음 문제가 다소 있다는 점을 들 수 있으나 동북권 최고 수준의 입지 가치는 계속될 것으로 보인다. 특히 인근에 신축 예정 아파트가 아크로서울포레스트 외에 없다는 점도 신축 프리미엄을 길게 유지하는 데 도움이 된다. 참고로 2021년 1월 입주 예정인 아크로서울포레스트도 280세대에 불과하다.

동북권 옐로칩

앞서 동북권이 서울 5대 권역 중 가장 많은 인구와 가장 넓은 면적을 갖고 있음에도 불구하고 주택 공급이 상대적으로 가장 과잉 상태이고 고용면에서도 경쟁력이 처진다는 점을 언급했다. 실제 블루칩 기준을 충족하는 단지가 단 한 곳(서울숲리버뷰자이)뿐이라는 사실도 동북권 입지의 아쉬운 단면을 드러낸 결과라고 할 수 있다.

입지 경쟁력이 열세인 만큼 옐로칩 단지도 선정 기준을 떠나 호재 지역 중심으로 좁혀 선정했다. 그 첫 번째 지역은 청량리다.

청량리는 이미지가 좋다고 말할 수 없는 지역이었다. 그러한 청량리가 환골탈태할 움직임이 가속화되고 있다. 우선 전답뉴타운이 완성되어 대규모 신축 아파트 단지들이 속속 입주하면서 주거 환경이 몰라보게 개선되고 있다. 또한 2018년 연말이 되면 청량리역에 분당선이 개통되면서 강남 접근성도 크게 향상된다. 강남 주요 업무지구인 선릉역까지 15분 만에 갈 수 있어서 주택 가치가 재평가될 수 있다.

중장기적인 호재도 만만치 않다. 현재 1호선과 경의중앙선이 지나가는 청량리역은 분당선 개통에 이어 2024년 GTX C, 2025년 GTX B가 개통되면서 무려 5개 노선이 지나가는 철도 교통의 요지로 거듭나게 된다. 특히 GTX 3개 노선 중 2개 노선이 만나는 역이 서울역, 삼성역, 청량리역뿐이라는 것은 청량리역이 명실상부한 동북권의 교통 중심지로 거듭날 것이라는 점을 보여준다.

따라서 청량리역 인접 신축 대단지 경쟁력도 갈수록 강화될 것이라는 측면에서 동북권 옐로칩으로 선정했다.

옐로칩 **래미안전농크레시티, 답십리래미안위브**

래미안전농크레시티와 답십리래미안위브는 청량리 주변 지역에서 가장 큰 규모의 신축 대단지다. 청량리의 각종 호재가 가시화될수록 직접적 수혜를 받게 될 대표적인 단지다.

우선 래미안전농크레시티는 2018년 6월에 입주한 동대문 롯데캐슬노블레스 다음으로 청량리역에 인접한 단지다. 그러나 롯데캐슬노블레스가 신축이라는 큰 장점은 있지만 584세대로 중소 규모의 단지임을 감안하면 2,000세대가 넘는 래미안전농크레시티가 청량리 역세권의 대표 단지로 언급될 만하다. 당연히 청량리역 호재의 영향을 가장 크게 받을 단지라고 할 수 있다. 거기에 초등학교도 가까운 거리에 있고 중학교를 단지 안에 품고 있어 학령기 자녀를 오랫동안 키울 수 있다.

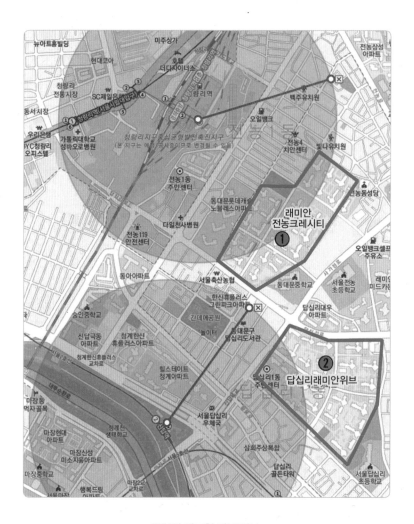

동북권 옐로칩 기본 정보

단위: 만 원

단 지	세대수	입주연월	매매 시세	전세 시세	비 고
래미안전농크레시티	2,397	2013. 04	80,000	43,500	24평 기준
답십리래미안위브	2,652	2014. 08	80,000	41,500	24평 기준

출처: KB부동산, 2018년 8월 24일 기준

반면 답십리래미안위브는 래미안전농크레시티에 비해 조금 더 청량리역에서 떨어져 있다. 그렇다 하더라도 청량리역과 1km 이내 거리이므로 청량리역 호재의 수혜 단지로 거론될 자격이 있다. 게다가 2·5호선 더블 역세권에다 출근시간대 하차 인원이 많은 성수역에 접근성이 뛰어난 것도 큰 장점이자 옐로칩 단지로 선정한 이유다. 또한 대단지답게 답십리초등학교를 품고 있다.

두 단지 모두 좋지만 굳이 순위를 따져보자. 실거주까지 감안하면 각종 편의시설과 단지 관리에서 앞서는 답십리래미안위브가, 투자성은 청량리역에 보다 가까운 래미안전농크레시티가 조금 앞선다.

옐로칩 **미성, 미륭, 삼호3차**

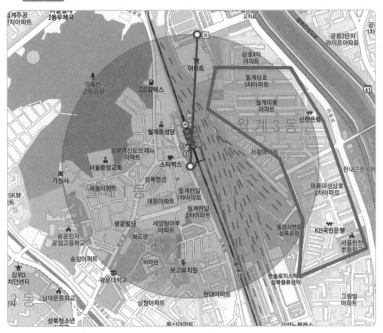

동북권 옐로칩 기본 정보

단위: 만 원

단 지	세대수	입주연월	매매 시세	전세 시세	비 고
미성	1,620	1986. 05	39,000	16,000	22평 기준
미륭	1,050	1986. 05	41,250	15,500	22평 기준
삼호3차	1,260	1986. 07	48,000	19,000	25평 기준

출처: KB부동산, 2018년 8월 24일 기준

동북권 내 다른 지역을 살펴보면 다음으로 떠오르는 곳이 미성·미륭·삼호3차로 구성된 광운대역 역세권 대단지다. 부동산 카페에서는 '미미삼'이라는 호칭으로 더 널리 알려진 단지다. 앞 페이지 지도에서 보다시피 대단한 규모이고 입주한 지 30년을 넘어 재건축 연한도 채운 곳이다. 용적률도 131%에 불과해 향후 재건축 시 5,000세대 이상은 거뜬히 넘길 대단지로 재탄생 가능하다. 지역 랜드마크로 손색이 없는 규모다.

그러나 이 부분에서 미미삼의 약점이 있다. 재건축을 위한 안전진단이 아직 신청되지 않은 채 정부의 안전진단 강화 방침이 발표된 것이다. 즉, 재건축 시일이 얼마나 소요될지 가늠할 수 없다. 이것이 미미삼의 최대 약점이다.

사실 미미삼을 옐로칩 단지로 선정하는 데 많은 고민이 있었다. 역세권 대단지이기는 하나, 앞에서 말했듯 언제 신축이 될지 모르고 주요 업무지구로의 접근성이 떨어지기 때문이다. 추천 단지 선정 기준 3가지 중에 '1,000세대 이상 대단지' 외에는 충족하는 요건이 없다. 그럼에도 불구하고 굳이 미미삼을 옐로칩 단지로 거론한 이유는 광운대역 일대의 발전 가능성 때문이다.

서울시는 '서울시 생활권 계획'을 통해 추가적으로 개발이 가능한 대규모 가용지를 소개한 바 있는데 대상 지역은 다음과 같다.

① 용산 일대
② 삼성동 한전부지 일대
③ 창동차량기지 일대
④ 서초동 롯데칠성부지 일대
⑤ 수색역 일대
⑥ 구로차량기지 일대
⑦ 광운대역 일대

위의 대상 지역을 잘 보면 지금까지 해당 지역 중심으로 추천 단지들을 소개한 것을 알 수 있다. 그리고 광운대역 일대가 대규모 개발이 가능한 곳으로 소개되어 있다. 이것이 바로 '미미삼'을 옐로칩 단지로 선정한 이유다.

광운대 역세권 개발계획을 잠시 살펴보자. 코레일이 소유한 14만 9,065㎡ 규모의 광운대역 물류기지 부지를 현대산업개발이 주거·상업시설 단지로 개발하는 계획을 수립 중이며 무려 2조 6,000억 원에 달하는 자금이 투입될 전망이다. 2017년 10월, 코레일이 우선협상대상자로 현대산업개발을 선정했고 현재 서울시, 코레일, 현대산업개발 간 협의가 진행 중에 있으며 착공 목표는 2020년 상반기다. 광운

미미삼 평형별 대지지분

단위: 만 원

단 지	평형	대지지분
미성	14평	12.6평
	22평	14.2평
미륭	22평	14.6평
삼호3차	25평	16.7평

대 역세권 개발계획이 순조롭게 시작되고 2024년경 GTX C 개통으로 광운대역을 통해 강남으로의 접근성도 크게 개선될 경우 미미삼의 중장기적 가치는 급등할 가능성이 매우 크다. 따라서 미미삼에 관심 있는 사람이라면 광운대 역세권 개발계획과 GTX C 진행상황을 지켜볼 필요가 있다. 2019년 초 단지 앞에 이마트 트레이더스가 생기는 것도 당장의 실거주 가치를 높이는 요소다.

옐로칩 상계주공5단지

마지막으로 소개할 동북권 옐로칩은 상계주공5단지다. 상계주공 5단지는 최근에 큰 장점이 하나 생겼다. 바로 상계주공 16개 단지 중에서 유일하게 안전진단을 통과한 단지라는 점이다. 안전진단 강화방침이 적용되기 전에 안전진단을 사실상 막차로 통과하면서 지역 내 유일하게 재건축 길이 열려 희소가치가 대단히 높아질 전망이다.

거기에 기존 840가구 단지가 재건축 후 1,079가구로 재탄생하면서 1,000세대 이상 대단지가 되는 것도 옐로칩 단지로 선정된 이유

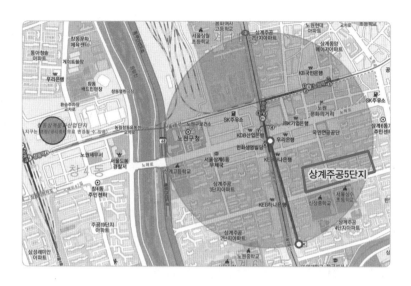

상계주공5단지 기본 정보

단위: 만 원

단 지	세대수	입주연월	매매 시세	전세 시세	비 고
상계주공 5단지	840	1987. 11	38,500	11,000	11평 기준

출처: KB부동산, 2018년 8월 24일 기준

다. 물론 그러기 위해서는 현재 2종 일반주거지역인 해당 부지가 3종 일반주거지역으로 종상향이 필요한데 인근 단지 일조권 침해로 각종 민원이 발생하여 속도가 더뎌질 수 있다. 다만 노원구 구청장까지 나서 종상향에 대한 전폭 지원을 약속한 점은 긍정적인 요소다. 참고로 최종 결정권은 서울시장에게 있다.

상계주공5단지는 신탁방식 재건축 사업을 추진하기로 해 한국자산신탁을 예비신탁사로 선정했다. 신탁방식은 신탁보수가 높다는 점

때문에 그동안 꺼려졌다. 그러나 추진위원회 승인과 조합설립인가 절차가 생략되고 조합 집행부의 이권 개입 등이 차단되어 빠른 재건축과 더불어 투명성과 공정성을 확보할 수 있다는 점으로 인해 최근 다시 관심을 받고 있는 재건축 방식이다. 상계주공5단지는 다소 금전적인 비용이 나가더라도 '속도'를 택한 셈이다. 안 그래도 단지 전체가 동일 평수, 동일 대지지분으로 구성되어 있고 단지 내 상가도 없어, 경우에 따라서는 굉장히 빠른 속도의 재건축도 가능하다.

가치평가 측면에서는 2020년 1월에 입주하는 상계역센트럴푸르지오가 2018년 2분기 25평 기준 5억 원 내외의 시세를 형성하고 있는 반면, 상계주공5단지는 추진위의 예상 추가분담금을 고려하면 신축 25평을 얻기 위해 총 5억 7,000~5억 8,000만 원 수준의 비용이 필요할 것으로 보인다. 참고로 11평 시세는 3억 8,500만 원이고 예상 추가분담금은 1억 9,000만 원 내외다. 아직 재건축 초기 단계임을 고려하면 저평가되어 있다고 말하기 어렵다.

그러나 굳이 상계주공5단지의 미래 가치를 높게 보는 이유는 바로 창동·상계 문화산업단지 때문이다. 앞 페이지 지도에서 왼쪽 작은 원으로 표시된 곳이다. 서울시가 발표한 '창동·상계 신경제중심지 조성사업'에 따르면, 창동·상계 문화산업단지를 비롯해 동북권 창업센터 등 세대융합형 복합시설(2020년 준공 예정), 서울아레나(2023년 준공 예정), 창동역 복합환승센터 등을 단계적으로 준공하는 것으로 계획돼 있다. 서울시가 창동·상계 일대를 동북부의 일자리·문화 중심지로 탈바꿈시키겠다는 구상을 드러낸 셈이다. 그 안의 창동·상계 문화산업단지는 지하 8층~지상 17층 건물과 지하 8층~지상 45층

두 동이 연결된 형태로 사방 어디서나 안이 들여다보이는 '오픈스페이스 월'로 개방감을 극대화할 예정이다. 대규모 고용 창출이 용이한 대기업이 들어오는 것은 아니라서 아쉬움은 남지만 동북권 15개 대학의 유망한 스타트업들을 유치하고 동북권 창업센터와 연계하여 동북권 일자리 창출을 견인할 것으로 보인다. 직주근접 면에서 상계주공5단지의 입지 개선이 기대된다.

게다가 앞서 언급한 광운대역처럼 창동역도 2024년경 GTX C 개통 시 강남 접근성 강화로 한층 더 탄력을 받을 수 있다는 점도 상계주공5단지의 중장기적 매력 포인트다.

창동상계 신경제 중심 주요 사업지

출처: 매일경제

인구주택 총조사 결과로 본 서울 각 구별 주택 수요 유형

통계를 들여다보면 생각지도 못한 곳에서 인사이트를 얻게 될 때가 있다. 그럴 때의 기쁨은 남다르다. 이번에도 그런 경우인데 이 책을 쓰던 중에 나온 2017년 인구주택 총조사 결과를 가만히 들여다보다 발견하게 됐다.

우선 서울의 가구당 가구원은 2005년 2.9명 → 2010년 2.7명 → 2015년 2.5명 → 2017년 2.4명으로 계속 감소 중이다. 중대형 평형의 인기가 갈수록 줄어들 수밖에 없는 이유다. 그중에서 가구당 가구원 감소가 가장 완만하게 진행되고 있는 곳을 꼽자면 강남구, 서초구, 양천구, 송파구, 마포구 순이다. 소위 말하는 부촌 또는 부촌으로 부상하는 곳들이다.

유일하게 가구당 가구원이 2005~2010년보다 2010~2015년에 적게 감소하는 곳이 강남구다. 서울 내에서 강남구의 가구당 가구원이 가장 완만히 감소하고 있다. 여기서 인사이트는 다음과 같다. 서울 내에서 위에 언급한 5곳, 그중에서도 특히 강남구의 중대형 수요가 가장 강한 것으로 추정해볼 수 있다.

반대로 가구당 가구원 감소가 가장 가파르게 이뤄지고 있는 곳은 관악구, 금천구, 강북구, 광진구, 영등포구 순이다. 해당 지역에 관심 있는 사람이라면 중대형 평형에 대해서 조심스럽게 접근할 필요가 있다.

이번에는 인구 증감률을 살펴보자. 인구 증감률은 해당 지역에 수요가 얼마나 뒷받침되는지 적절한 잣대를 제공해준다. 서울의 인구는 2005년 954만 명에서 2017년 924만 명으로 -3% 감소했다. 서울 전체 인구가 감소하는 가운데서도 인구가 증가한 자치구가 있었으니 바로 서초구, 송파구, 강서구, 은평구, 강남구다. 강서구, 은평구가 눈에 띄는데 강서구의 경우 마곡 지구 개발이 진행되면서 거주 인구가 증가한 것으로 보이며 은평구는 뉴타운 등 주거 환경의 개선이 이러한 결과를 이끌어낸 것으로 판단된다.

반면 인구가 가장 가파르게 감소하고 있는 곳은 영등포구, 노원구, 도봉구, 성동구, 금천구 순이다. 인구가 감소하고 있다는 것은 해당 지역에 거주할 필요성이 줄어들고 있다는 것이므로 부동산 투자를 하는 데 있어 좋은 내용은 아니다.

마지막으로 가구 수 증감률을 살펴보겠다. 서울시의 가구 수는

2005년에서 2017년으로 가면서 무려 +15%나 증가했다. 특히 가구 수 증가가 가팔랐던 곳은 강서구, 송파구, 서초구, 은평구, 용산구다. 여기서도 인사이트를 뽑아보도록 하자.

우선 강서구는 인구가 세 번째로 많이 증가한 곳이었는데 가구 수는 가장 많이 증가한 것으로 보아 성장세가 뚜렷한 자치구이면서도 중소형 수요가 상당히 강하다는 판단을 할 수 있다. 인구는 증가하지 않았으나 가구 수는 다섯 번째로 증가한 용산구도 비슷한 결론을 내릴 수 있다. 이와는 반대의 경우도 있다.

서초구는 인구가 가장 많이 증가한 곳이었는데 가구 수는 세 번째로 많이 증가했다. 즉, 중대형 수요가 상대적으로 강한 곳이라는 추정이 가능하다. 인구는 다섯 번째로 증가했으나 가구 수 증가폭은 순위 안에 들지 못한 강남구도 마찬가지다. 중대형 투자를 원하는 사람들에게는 중요하게 고려해야 할 지역이라고 할 수 있다.

그렇다면 가구 수 증감률이 가장 낮았던 곳은 어디일까. 노원구, 서대문구, 도봉구, 성동구, 영등포구 순으로 결과가 나왔다. 가구 증감률이 낮다는 것도 부동산 투자가치에 좋을 것은 없지만 그 안에서도 굳이 특이점을 찾자면 영등포구가 인구 감소 폭이 가장 큰데 가구 증감률은 하위 5위라는 사실이다. 이는 해당 지역의 중대형 수요가 빠르게 감소하고 있음을 알 수 있다.

이제 정리해보자. 중대형 투자를 원한다면 강남구, 서초구, 양천구 순으로 수요가 뒷받침되어 있다고 볼 수 있다. 반대로 관악구, 금

선호 평형을 짐작할 수 있는 서울 각 구별 가구원·인구·가구 증감률

구 분	가구당 가구원 감소율	인구 증감률	가구 증감률
서울특별시	-16%	-3%	15%
종로구	-17%	-5%	14%
중구	-17%	-8%	12%
용산구	-17%	-1%	20%
성동구	-16%	-9%	8%
광진구	-19%	-5%	17%
동대문구	-17%	-8%	11%
중랑구	-17%	-5%	15%
성북구	-16%	-2%	18%
강북구	-19%	-8%	13%
도봉구	-17%	-10%	8%
노원구	-16%	-11%	6%
은평구	-16%	4%	23%
서대문구	-16%	-10%	7%
마포구	-15%	-3%	13%
양천구	-13%	-5%	9%
강서구	-17%	7%	30%
구로구	-16%	-1%	18%
금천구	-19%	-9%	12%
영등포구	-18%	-11%	9%
동작구	-17%	-3%	17%
관악구	-19%	-8%	15%
서초구	-11%	11%	24%
강남구	-8%	2%	11%
송파구	-14%	9%	27%
강동구	-15%	-5%	12%

▨▨▨ 상위 5위
▨▨▨ 하위 5위

출처: 2017년 인구주택 총조사

천구, 강북구 등은 피해야 하는 지역이다. 중소형 투자는 인구도 늘고 있지만 가구 수는 더 크게 늘고 있는 강서구와 용산구를 관심 있게 지켜볼 필요가 있다.

CHAPTER 9

서북권

마포구, 서대문구, 은평구

서북권은 서울 사업체의 9.5%, 종사자의 8.6%만 차지하여 동북권 다음으로 고용 기반이 취약한 권역이다. 서울시 생활권 계획에서도 "서북권은 주거지 우세지역으로 개인서비스업 위주의 산업 구조로 독자적 산업 기반이 취약함"이라고 명시되어 있다.

그러나 서북권에 변화의 바람이 불고 있다. 서울연구원은 2018년 4월부터 매월 법인 창업 및 일자리 창출 현황을 발표하고 있는데 서북권이 그동안의 열악했던 고용 기반을 딛고 창업 및 일자리 창출 면에서 성과를 내고 있음이 확인되었다. 2018년 2분기 신규 법인 창업은 서북권이 704건으로 전년 동기 대비 +8.6% 증가해 증가율로는 5개 권역 중 2위를 차지했다. 더 놀라운 것은 신규 법인의 고용 인원인데 서북권이 3,910명으로 전년 동기 대비 +14.2%가 증가해 증가율로는 5개 권역 중 압도적인 1위를 차지했다. 2위는 도심권으로 +8.0%였다. 상암DMC를 중심으로 한 서북권 업무지구가 발전을 거듭하고 있는 방증으로 보인다.

따라서 서북권 추천 단지도 이러한 상황을 감안하여 미디어 산업 육성으로 자족적인 면모를 갖춰가는 지역 일대, 그리고 박원순 시장이 획기적인 재개발을 선언한 용산과 여의도 접근성 측면에서 선정하고자 한다.

블루칩 e편한세상신촌, 마포래미안푸르지오
옐로칩 아현역푸르지오

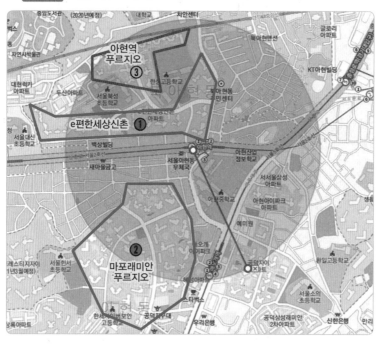

서북권 블루·옐로칩 기본 정보

단위: 만 원

단 지	세대수	입주연월	매매 시세	전세 시세	비 고
e편한세상신촌	1,910	2016. 12	105,000	58,500	24평 기준
마포래미안푸르지오	3,885	2014. 09	105,500	58,500	24평 기준
아현역푸르지오	940	2015. 11	87,500	52,500	24평 기준

출처: KB부동산, 2018년 8월 24일 기준

서북권에서 블루칩 단지는 e편한세상신촌과 마포래미안푸르지오 2곳이다. 모두 2호선(아현역) 역세권으로 시청역 접근성이 뛰어나고 1,000세대 이상 대단지인 데다 신축이다. 서북권에서 다양한 재개발을 통해 신축 단지가 계속 형성될 예정이나 위 두 단지는 도심권 접근성이 매우 뛰어나 직주근접이라는 점에서도 서북권 내에서 희소성을 인정받을 만하다. 가히 서북권 최고의 입지라고 해도 무방하다.

e편한세상신촌은 도심권 접근성뿐 아니라 초중고를 품에 안고 있으면서 특이하게 대학교(연세대, 이화여대)도 인근에 위치해 있어 '학세권'이라는 특별한 장점이 있는 단지다. 세대당 주차대수가 1.22대로 최근 신축치고는 적은 점이 아쉬우나 다른 장점들이 워낙 많기에 이 정도 단점은 쉽게 넘어갈 수 있다. 주변 환경이 뉴타운의 완성으로 갈수록 정비되는 것도 북아현동의 이미지 향상 차원에서 볼 때 e편한세상신촌에 호재다. 또 하나의 특별한 장점은 4단지가 아현역과 지하로 연결되어 있다는 점이다. 도심권에 직장이 있는 사람이라면 매우 끌리는 단지다.

마포래미안푸르지오는 경희궁자이와 더불어 한강 이북에서 가장 가격대가 높은 신축 대단지다. 4,000세대에 육박하는 대단지이며 2호선(아현역)·5호선(애오개역) 더블 역세권이라는 입지는 도심권과 여의도권 고소득 직장인들에게 상당한 매력 포인트다. 3대 도심 중 2개 도심에 대한 접근성이 뛰어나기 때문이다. 북아현뉴타운이 완성되면서 마포자이3차, 마포프레스티지자이, 신촌그랑자이, 현대힐스테이트 등 신축 단지들이 속속 입주를 기다리고 있으나 마포래미안푸르지오의 압도적인 규모는 마포의 대장주 자리를 계속 굳건하게 해줄 것으로 보인다. 조경 및 단지 인프라도 만족도가 높은 수준인 것으로 알려져 있으며 마포센텀슬로우스퀘어 입주로 편의시설도 보강되어 실거주 가치도 대단히 뛰어나다. 대단지의 이점을 충분히 보여주고 있는 셈이다.

마지막으로 앞 페이지 지도에 소개된 아현역푸르지오는 숫자 ③으로 표시되어 있다. 블루칩 단지가 아닌 옐로칩 단지다. 그 이유는 단 하나, 세대수가 940세대로 블루칩 단지 기준 중 하나인 '1,000세대'에 소폭 미달되었기 때문이다. 불과 60세대 차이로 미달된 것이기 때문에 사실상 블루칩 단지에 가깝다고 볼 수 있다. e편한세상신촌에 비해 아주 조금 역세권에서 떨어져 있지만 같은 초중고를 품고 있으며 대로변에서 떨어져 있어 조용한 환경을 자랑한다. 도심권에 가까운 단지이나 쾌적한 환경이 아현역푸르지오의 최대 강점이라고 할 수 있다. 또한 e편한세상신촌과 마찬가지로 주변이 정비되면서 북아현동의 이미지 개선 효과를 기대해볼 만하다.

서북권 옐로칩

앞서 말한 아현역푸르지오 외에도 서북권 옐로칩 단지들을 소개하겠다.

옐로칩 공덕삼성, 신공덕삼성래미안1차

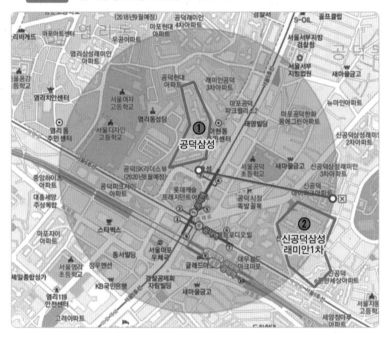

공덕 옐로칩 기본 정보

단위: 만 원

단 지	세대수	입주연월	매매 시세	전세 시세	비 고
공덕삼성	877	1999. 10	73,500	43,500	24평 기준
신공덕삼성래미안1차	833	2000. 08	81,000	46,000	24평 기준

출처: KB부동산, 2018년 8월 24일 기준

사실 공덕은 당초 옐로칩 단지로 선정할 생각이 없었다. 위에 언급된 공덕삼성과 신공덕삼성래미안1차도 추천 단지 기준을 충족하기에는 부족했기 때문이다. 1,000세대 이상 대단지도 아닐 뿐더러 출근시간대 하차 인원 상위 20개 역과 두 정거장 거리 안에 있지 않았고 신축도 아니었다. 정확히 말하면 3가지 기준 모두 충족하지 못했다. 거기에 아현뉴타운의 정비로 속속 신축이 입주하게 되면서 공덕역 주변 단지들의 가치가 상대적으로 점점 약화될 것으로 보았다.

그럼에도 불구하고 옐로칩 단지로 공덕을 언급한 이유는 다음과 같다. 추천 단지 선정 기준에만 매몰될 경우 공덕역의 가치를 평가 절하하는 우를 범하게 된다. 공덕역은 5·6호선·경의중앙선·공항철도의 쿼드러플 환승역인 데다가 5호선을 타고 북으로 네 정거장만 가면 광화문역, 남으로 세 정거장만 가면 여의도역에 도착할 수 있는 교통의 요충지다. 정확히 양대 도심의 중간에 위치하고 있어 도심권과 여의도권 직장인들의 주거 수요가 풍부할 수밖에 없다. '출근시간대 하차 인원 상위 20개 역과 두 정거장 이내'라는 기준에 조금 미달할 뿐, 2개 도심 접근성이 대단히 우수한 곳이다.

거기에 생각을 결정적으로 바꾸게 된 것이 박원순 시장의 용산·여의도 통합개발계획 발언이다. 정부가 일단 제동을 걸면서 박원순 시장도 발언을 보류하기는 했으나 다시 구체화될 날이 올 것이라 본다. 이 경우 용산과 여의도에 대한 시장의 관심이 다시 쏠릴 것이고 그렇게 되면 공덕은 용산과 여의도 중간에 위치한 입지적 장점이 부각될 수밖에 없다. 그리고 공덕삼성과 신공덕삼성래미안1차는 5호선 공덕역 역세권 중에 가장 세대수가 많은 단지에 속하기 때문에 옐로칩으로 선정되기에 부족함이 없다.

옐로칩 성산시영 유원, 선경, 대우

성산 옐로칩 기본 정보

단위: 만 원

단 지	세대수	입주연월	매매 시세	전세 시세	비 고
성산시영 유원	1,260	1986. 06	68,500	28,000	24평 기준
성산시영 선경	1,120	1986. 06	57,500	24,250	22평 기준
성산시영 대우	1,330	1986. 06	56,000	23,500	20평 기준

출처: KB부동산, 2018년 8월 24일 기준
*유원의 매매 시세가 더 높게 나오는 이유는 대지지분 차이 때문
(대지지분 : 유원 15.4평, 선경 13.1평, 대우 13평)

성산시영은 유원, 선경, 대우로 구성된 대단지다. 이 역시 블루칩 단지 기준 3가지 중 1가지인 대단지만 충족했으나 공덕처럼 다른 이유 때문에 옐로칩 단지로 선정했다.

일단 성산시영을 설명하기 전에 서북권을 둘러싼 환경이 빠르게 변화하고 있는 부분을 짚고 넘어가려 한다. 서울산업진흥원에 따르면, 2018년 4월 기준 DMC에 입주한 기업체는 499개, 근무하는 직원은 3만 9,548명에 달한다. DMC 전체 공급용지(33만 5,665㎡)의 80% 이상이 이미 준공을 마쳤고, 그 외에 롯데쇼핑 상업시설(2만 684㎡)과 숙박업무 용지(3만 789㎡)를 제외하면 업무 용지는 1만 6,442㎡만 남은 가운데 수색역세권 개발사업이 이목을 끌고 있다. 서울시와 코레일 중심으로 '수색역 광역거점 발전계획'을 수립 중이며 그 안에는 수색역 차량기지 부지(17만 2000㎡)와 철도 정비시설 부지(11만 6000㎡) 등을 백화점과 상업시설, 오피스, 문화시설 등이 들어서는 복합단지로 개발할 것으로 보인다. 생활 편의성뿐 아니라 업무 지구가 추가로 확충되는 것이다. 따라서 디지털미디어시티역 주변의 직주근접 수요는 계속 증가할 전망이다. 다만 인근 수색·증산 뉴타운에서 신축 입주가 계속될 예정이기 때문에 옥석 가리기에 신중할 필요가 있다.

수색·증산 뉴타운은 2020년 6월부터 2023년까지 1만여 세대의 신축이 입주할 예정이다. 최근의 신축 선호 트렌드를 감안한다면 주변 기축 아파트 입장에서는 주택 수요를 뺏길 가능성이 상당히 크다. 수색역세권 개발계획에 따른 주택 수요 증가와 뉴타운 정비에 따른 공급 증가가 부딪힐 상황 속에서 대장주가 상암에서 가재울 뉴타운으로 그리고 수색·증산 뉴타운으로 넘어갈 가능성을 고려해야 한다.

수색·증산 뉴타운 구역별 사업 진행 현황

단위: 가구

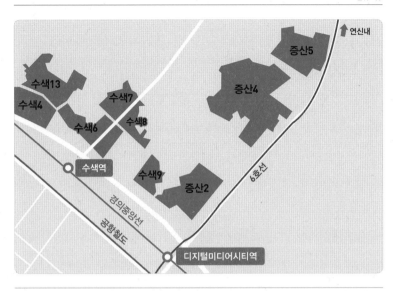

구 역	계획 가구 수	진행단계
수색4	1,192	2017년 6월 분양
수색9	753	2018년 11월 분양 예정
증산2	1,386	2018년 12월 분양 예정
수색6	1,223	2017년 5월 관리처분인가
수색7	649	2018년 3월 관리처분인가
수색13	1,402	2018년 7월 관리처분인가 신청
증산5	1,704	2018년 7월 사업시행인가
수색8	472	2018년 7월 사업시행인가
증산4	2,517	조합설립인가 추진

출처: 매일경제, 서울시클린시스템
*가구 수는 임대 포함

길게 돌아왔는데, 이제 성산시영 이야기를 해보자.

이런 환경의 변화 속에서 안전진단도 아직 통과하지 못한 성산시영을 옐로칩 단지로 선정한 이유는 간단하다. 재건축 완료까지 어느 정도 시일이 소요될 것은 분명하지만, 수색·증산 뉴타운까지 입주가 완료되고 난 후 이 지역의 마지막 신축으로 성산시영이 자리매김하게 될 것이기 때문이다. 서북권 최대의 업무지구인 DMC미디어밸리 접근성이 탁월한 데다 인근에서 가장 큰 단지 규모(3,710세대), 그리고 재건축 후 지역 내 마지막 신축이라는 희소성까지 감안하면 훗날 블루칩 단지로 거듭날 가능성이 충분한 곳이 성산시영인 셈이다.

성산시영은 6호선(월드컵경기장·마포구청·디지털미디어시티), 공항철도(디지털미디어시티), 경의중앙선(디지털미디어시티)의 트리플 역세권으로 인근에 상암월드컵경기장 및 풍부한 녹지도 있다. 게다가 신북초와 중암중을 품고 있는 단지인데 중암중은 특목고 진학률 측면에서 마포구 최고 중학교라는 평가를 받고 있다. 또한 단지 남서쪽으로 시야가 뚫려있어 재건축 후 상당한 비율로 한강 조망이 가능하다는 점도 큰 장점이다.

재건축은 추가분담금이 관건이다. 〈매일경제〉에서 성산시영에 대한 추가분담금을 시뮬레이션한 결과를 소개하겠다. 성산시영에서 가구 수가 가장 많은 대우아파트를 기준으로, 대지지분의 12.5%를 기부채납하고 295% 용적률을 적용, 7~8년 뒤 일반분양 시 예상분양가를 평당 3,000만 원으로 책정하고 건축 비용을 평당 520만 원으로 가정할 경우, 25평 신축 아파트를 추가분담금 없이 받을 수 있다는 계산이 나온다. 2018년 8월 24일 기준으로 성산시영 대우가 13평 기준 5억 5,000만 원 내외의 시세를 기록하고 있음을 감안한다면 10년 뒤 5억 5,000만 원으로 25평 신축을 받을 수 있다는 결론이다. 이는 가치평가 측면에서 상당한 메리트다. 참고로 인근에서 가장 신축인 DMC파크뷰자이의 25평 시세는 7억 원 내외다. 중장기적으로 성산시영은 투자성뿐 아니라 서북권의 새로운 대장주가 될 수 있는 곳이라고 평가해본다.

옐로칩 북한산힐스테이트7차

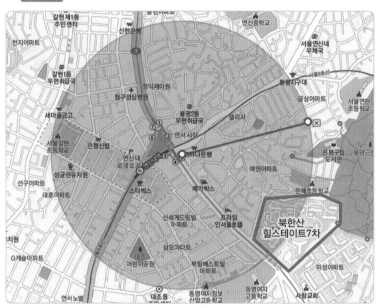

북한산힐스테이트7차 기본 정보

단위: 만 원

단 지	세대수	입주연월	매매 시세	전세 시세	비 고
북한산 힐스테이트7차	1,070	2011. 07	71,000	47,500	34평 기준

출처: KB부동산, 2018년 8월 24일 기준

북한산힐스테이트7차는 다소 특이하게 추천 단지로 선정했다. 북한산힐스테이트7차는 3호선 연신내역 역세권으로 하차 인원 상위 20개 역에 해당하지 않는다. 그럼에도 불구하고 추천 단지로 선정한 것은 GTX A가 신설될 경우 서울역에 두 정거장, 삼성역에 세 정거장 만에 갈 수 있는 단지로 급부상하기 때문이다. 현재도 3호선과 6호선 더블 역세권으로 교통의 요지 중 하나라고 할 수 있는데 GTX A까지 완공되면 미래 가치는 더욱 커질 것이 분명하다. 주변이 다소 정비가 필요하고 단지가 다소 경사진 단점은 있으나 미래 호재를 무시할 수 없는 단지다. 참고로 GTX B와 C는 A보다 진척이 느린 상황이므로 우선 A의 역세권 단지를 선정했음을 밝힌다.

주변 3km 내에 백련산파크자이를 위시한 백련산 시리즈 2,743세대, 녹번역e편한세상캐슬 2,441세대, 힐스테이트녹번 952세대, 래미안 베라힐즈 1,305세대 등 7,000세대 이상의 입주 물량이 2년 내에 줄줄이 입주 예정인 것은 주택 수요의 분산 측면에서 북한산힐스테이트7차에 위협일 수 있다. 그러나 GTX A 완공으로 서울역 및 강남 접근성이 획기적으로 개선된다면 다시 그 위상을 회복하는 것은 문제없다. GTX A 노선 북쪽의 수혜주가 북한산힐스테이트7차라면 남쪽의 수혜주 중의 하나가 동탄역 주변 시범단지들이라고 볼 수 있는데 동탄의 그 많은 입주 물량에도 불구하고 동탄역 역세권 단지들의 시세가 우상향 추세임을 감안한다면, 마찬가지로 주변에 신축 입주가 집중되나 북한산힐스테이트7차의 전망도 밝다고 볼 수 있다.

TIP

서울 말고
다른 대안은 없을까?

이 책은 서울 및 근교 아파트 중심으로 쓰였다. 그렇다면 중장기적으로 서울만이 유일한 선택지인가. 이 질문에 대해서는 '아니다'라고 말할 수 있다. 앞서 GTX가 개통하기 전까지 서울 아파트의 중장기 상승을 전망한 바 있다. 이는 서울 아파트 시장의 버블이 정점에 달해있을 것으로 추정되는 때와 GTX 개통이 맞물려있는 것도 한 이유다. 따라서 서울 아파트 시장이 2020년대 초중반에 중장기적 정점에 도달하게 되면 그 이후 구간에 대해 다른 대안을 찾게 되는 것은 당연한 수순이다. 과연 어떤 곳이 있을까.

여기서 GRDP라는 지표를 잠깐 훑어갔으면 한다. 국가 전체의 총체적인 경제 지표 중 하나인 GDP(국내총생산)는 알다시피 한 나라의 영역 내에서 모든 경제 주체가 일정 기간 동안 생산한 재화 및 서비스의 부가가치를 시장 가격으로 평가하여 합산한 것이다. 국가 간 경제력을 비교하는 데에 자주 사용된다. 마찬가지로 한 국가 안의 지역별 경제력을 비교하려면 GRDP, 즉 지역 내 총생산이라는 지표를 들여다보면 된다. GRDP란 GDP와 마찬가지로 일정 기간 동안에 일정 지역 내에서 새로이 창출된 최종생산물 가치의 합을 나타내는 경제 지표다. 쉽게 말해 시도별 GDP라고 할 수 있다.

수도 서울과 제2의 도시인 부산의 GRDP를 비교하면 한 가지 사실을 확인할 수 있다. 부산의 GRDP가 서울에 비해 1985년 30% 수준이었는데 2000년 22%가 되기까지 지속적으로 하락했다는 점이다. 이는 부산의 경제 규모가 1985년부터 2000년까지 15년 동안 서울에 비해 상대적으로 계속 축소되었음을 의미한다. 그런데 서울 대비 부산 경제 규모의 비중은 2000년 22%를 저점으로 2016년까지 22~23% 사이를 오가면서 더 이상 큰 폭의 변경은 발생하지 않고 있다. 2000년 이후 현재에 이르기까지 부산의 경제 규모가 서울에 비해 확대도 축소도 아닌 균형을 이루어왔음을 알 수 있게 해주는 대목이다.

그렇다면 서울과 부산의 중장기 아파트 시세 추이는 어떨까.

KB부동산 기준으로 서울과 부산의 아파트 1985년 12월 시세를 각각 1.0으로 전제하고 2018년 6월까지 시세 추이를 그래프로 그려보았다. 구간을 길게 잡아보면 중장기적으로는 서울과 부산이 큰 차이가 없는 수치로 귀결되었음을 확인할 수 있다. 집값과 경제 성장이

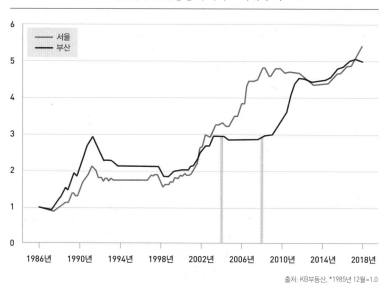

서울과 부산의 중장기 아파트 시세 추이

출처: KB부동산, *1985년 12월=1.0

밀접한 관련이 있다는 것을 대전제로 깐다면, GRDP로 대표되는 부산의 경제 규모가 서울의 23% 수준에서 큰 변동 없이 안정적으로 성장하고 있는 것이 중장기적으로 서울과 부산 아파트 시세가 함께 가게 된 강력한 이유다.

그러나 단기 구간으로 쪼개 보면 서울과 부산 아파트 사이에 상당한 부침이 오고 간 것이 확인된다. 그래프를 자세히 보면 2003년부터 서울과 부산 아파트 시장의 디커플링이 시작되었음을 알 수 있다. 서울 아파트는 2004년 잠시 조정장을 겪었으나 2005년 이후 폭등을 지속하여 2009년까지 상승한 반면, 부산 아파트는 2003년 하반기 이후 조정이 시작되어 2008년 하반기에나 2003년 수준의 시세를 회복했다. 그리고 서울이 2009년에 상승을 마무리하고 조정을 겪기 시작하자, 부산이 바통터치하듯 2009년부터 2011년까지 폭등을 거듭하여 단숨에 갭 메우기가 진행됐다.

여기에 중요한 시사점이 있다. 즉, 서울과 부산의 GRDP 성장률이 유사한 수준이기 때문에 한 쪽의 아파트 폭등은 추후 다른 한 쪽의 갭 메우기로 나타날 공산이 크다는 것이다. 두 지역의 경제가 비슷한 성장률로 커지고 있는데 언제까지나 한쪽의 아파트만 상승하고 다른 한쪽의 아파트만 조정을 겪을 리는 없다. 이러한 이유로 인해 2003년부터 시작된 디커플링(서울의 폭등과 부산의 조정)은 추후 부산의 폭등을 초래한 셈인데, 그래프를 다시 보면 서울과 부산 아파트의 상대적 시세가 2011년에 유사해지자 그 이후 2017년까지 두 시장은 비슷한 흐름을 보여준다.

그런데 2018년 들어 두 시장은 다시 디커플링의 조짐을 보이고 있다. 앞서 2018년의 서울 아파트 시장에서 2003년의 향기가 풍긴다고 언급한 바 있는데 공교롭게도 2018년의 서울과 부산 아파트 시장도 2003년처럼 디커플링이 시작되는 상황이 연출되고 있다. 부산의 하락이 시작된 것이다.

마침 엎친 데 덮친 격으로 부산의 입주 물량도 확대를 예고하고 있다. 2011년부터 2017년까지 부산 아파트 입주 물량은 연 평균

18,527가구였는데 반해, 2018년 23,567가구, 2019년 25,720가구가 입주할 예정이다. 게다가 2018년 분양 물량도 16년 만에 최대인 28,978가구나 되어 2020년 이후도 입주 물량 폭탄이 예정되어 있다. 하락 장세 속 입주 물량의 확대는 더욱 큰 부담으로 다가올 것이다.

2019년 조정, 2020년 이후 서울의 재상승을 전망한 내가 부산의 지속적인 입주 물량 확대로 서울과 부산의 디커플링이 지속될 것이라고 보는 것은 당연하다. 그리고 이는 당연히 서울과 부산의 갭 확대를 의미한다. 이 추세가 이어진다면 2020년대 초중반은 서울과 부산 아파트 시세 간 갭이 절정에 달할 것으로 보인다. 첫째, 서울과 부산의 경제 규모가 비슷한 성장률로 커질 것이라는 가정이 유지되고, 둘째, 서울 아파트의 상승과 부산 아파트의 부진이 지속된다면 서울에서 부산으로 갈아탈 호기는 반드시 올 것이며 나는 이 시기를 GTX 개통 전으로 추정해본다. 부산에도 안테나를 세울 필요가 있다.

그래서 서울이다

서울 서울 서울.

천정부지로 치솟는 서울 부동산 가격을 보면서 '그래도 서울이다' 라고 주장하는 이 책이 독자에게 어떤 모습으로 다가갈지 걱정된다. 게다가 내로라하는 전문가들도 자주 틀리는 부동산 시장 미래 전망을 감히 시도한다는 것도 작업 내내 머리를 짓누르는 부담이었다. 특히나 이렇게 서울 아파트 시장이 상승세인 가운데 2019년 하락(조정)을 전망하고 책에 담는다는 것 역시 큰 부담이었고 이 내용을 완곡한 표현으로 수정할까 하는 유혹에도 시달렸다. 여러 아파트 단지들에 대한 평가에도 일부 신랄한 내용이 들어갈 경우 고심을 거듭했다. 그러나 전망이 빗나갈 가능성을 줄이기 위해 그동안 모아왔던 다양한 데이터들을 꾹꾹 담아 근거로 삼았다.

물론 나의 예측이 틀릴 수도 있다. 최대한 과거 사례들을 통해 가능성이 큰 근거들을 가지고 2019년 하락(조정)을 예측했지만 또 다른 변수가 더 강하게 영향을 미친다면 전망은 틀릴 수 있다. 또 다른 변수란 정부 규제의 반작용을 말한다. 앞서 본문에서 정부의 다주택자 규제로 인해 '똘똘한 한 채 집중 현상'이 발생하면서 지방 주택을 처분하고 서울로 집중하는 경향이 서울 집값 강세 요인 중 하나라고 언급했다. 그 외에도 양도세 중과 및 임대등록 유도로 다주택자들의 보유 주택이 매물로 출회되는 것을 차단해버린 꼴도 정부 규제의 대표적인 반작용이라고 할 만 하다. 수급이 꼬여버린 것이다.

우리나라에는 785만 가구가 1주택, 226만 가구가 2주택, 63만 가구가 3주택 이상을 보유하고 있는데, 1주택자가 보유 주택을 매도하고 무주택자로 돌아가기가 쉽지 않다. 결국 주택 시장에 매물로 출회될 수 있는 것은 다주택자들의 보유 주택이다. 그런데 다주택자들의 보유 주택을 처분하기 어렵게 만들었으니 시장에는 매물이 줄어들면서 수급의 왜곡이 발생한 것이다. 최대한 과거의 사례들과 여러 통계를 근거로 향후 시장을 전망했으나 이런 정부 규제의 반작용은 계량화하기가 어려워 미래 전망에 대입하기가 힘들다. 어쩌면 책을 마무리하면서 소감을 쓰는 이 상황에서 예측이 틀릴 경우를 대비한 변명을 하고 있는지도 모르겠다.

그러나 개인적으로 한 가지 확신하는 것이 있다. 2019년에도 서울 아파트 가격이 상승할 경우는 '오버슈팅'이라고 판단한다. 경제 성장세가 예전만 못한 상황 속에서 서울 아파트 가격이 사상 최초로 6년 연속 상승한다면 이것은 '오버슈팅'이자 '버블'이라고 본다. 따라서 예측과 달리 2019년에 서울 아파트 가격이 상승한다고 하더라도 추격 매수는 올바른 선택이 아니라는 판단이다. 거기서 더 오른다고 하더라도 매력적인 수익을 낼 만한 구간은 아니다. 오히려 후유증 없는 상승을 위해서는 일정한 조정기가 필요한데 조정기 없는 상승은 위험하다. 산이 높으면 골짜기도 깊다는 격언은 부동산 시장에도 허투루 들을 수 없는 내용이다.

그 외에 2019년에 서울과 근교의 매매 시세가 떨어지는데 2020년 이후에도 하락이 지속된다면 나의 예측 역시 빗나가는 셈이다. 만일 그런 일이 벌어진다면 그 유력한 사유는 예상보다 전세가 하락폭이 클 경우가 되겠다. 2019년 동남권 중심 입주물량 확대로 촉발될 전세가 하락이 2020년에도 지속될 경우 매매가가 반등하기는 쉽지 않을 수 있다. 특히 9.13 대책에서 발표된 전세자금 대출 규제의 영향을 눈여겨볼 필요가 있다. 그 영향이 어느 정도 수준인지 파악하기 위해 2018년 말 헬리오시티 입주를 자세히 보기 바란다. 34평 기준 전세가가 7억 원 이하로 떨어지고 입주한 지 석 달이 지나도 7억 원 이상을 회복하지 못한다면 전세자금 대출 규제의 영향이 상당하다고 판단되며, 헬리오시티 입주 이후 지속되는 개포와 고덕의 입주 물량으로 전세가가 예상보다 더 하락할 가능성이 커진다고 볼 수 있다. 이 경우 2019년 하락이 2020년에도 지속될 가능성을 배제할 수 없다. 나의 예측이 반드시 맞는다는 보장이 없기에, 선의의 피해자가 생기지 않기를 바라는 마음으로 예측이 빗나갈 가능성과 이를 알아보는 방법을 모색해보았다.

말이 너무 길어진 것 같다. 감히 서울 아파트 시장의 미래와 유망 단지들에 대해 나름의 최선을 다해 파고들었는데 아무쪼록 독자들에게 조금이라도 유용한 정보였길 바라는 마음이 간절하다. 실거주가 되었든 투자가 되었든 이 책을 읽은 분들의 선택이 성공적인 결과로 보답 받았으면 한다. 그리고 이 책이 있기까지 나를 발탁하여 추천해 준 임경은 편집자님과 매경출판 편집팀, 늘 나의 부동산 전망에 필요한 영감과 자극을 제공해주는 '부디' 멤버들에게도 감사의 말씀을 드리고 싶다. 마지막으로 사랑하는 부모님들 그리고 내 삶의 이유가 되는 아내와 아이들에게도 특별한 감사를 전한다.

2019 절호의 매수 타이밍

서울 아파트 마지막 기회가 온다

초판 1쇄 2018년 10월 25일
초판 11쇄 2019년 3월 25일

지은이 강승우(samtoshi)
펴낸이 전호림
책임편집 임경은
마케팅 박종욱 김선미 김혜원

펴낸곳 매경출판㈜
등록 2003년 4월 24일(No. 2-3759)
주소 (04557) 서울시 중구 충무로 2(필동1가) 매일경제 별관 2층 매경출판㈜
홈페이지 www.mkbook.co.kr
전화 02)2000-2633(기획편집) 02)2000-2636(마케팅) 02)2000-2606(구입 문의)
팩스 02)2000-2609 **이메일** publish@mk.co.kr
인쇄 · 제본 ㈜M-print 031)8071-0961
ISBN 979-11-5542-905-1(03320)

이 도서이 국립중앙도서관 출판예정도서목록(CIP)은 서지정보유통지원시스템 홈페이지(http://seoji.nl.go.kr)와
국가자료공동목록시스템(http://www.nl.go.kr/kolisnet)에서 이용하실 수 있습니다.
(CIP제어번호: CIP2018030574)